Johannes Greving

Politik und Sozialkunde

POCKET TEACHER ABI

Cornelsen
SCRIPTOR

Der Autor
Johannes Greving ist Lehrer an einem Gymnasium in Niedersachsen und er arbeitet auch an der Universität Oldenburg. Er hat etliche Fachbücher für Lehrer sowie Schüler geschrieben.

Bibliografische Information der Deutschen Nationalbibliothek
Die Deutsche Nationalbibliothek verzeichnet diese Publikation in der Deutschen Nationalbibliografie; detaillierte bibliografische Daten sind im Internet über http://dnb.d-nb.de abrufbar.

3. Auflage
 D C B
Bibliographisches Institut GmbH, Mecklenburgische Straße 53, 14197 Berlin

Projektleitung: Heike Krüger-Beer, Anja Sokoll
Redaktion: Gabriele Teubner-Nicolai, Monika Kopyczinski
Reihengestaltung: Magdalene Krumbeck, Wuppertal
Satz und Layout: Julia Walch, Bad Soden, Torsten Lemme, Berlin
Sachzeichnungen: Rainer J. Fischer, Berlin
Umschlaggestaltung: glas AG, Seeheim-Jugenheim
Druck und Bindung: fgb – freiburger graphische betriebe GmbH & Co. KG, Bebelstraße 11, 79108 Freiburg i. Br.
Printed in Germany

ISBN 978-3-411-86301-3

Inhalt

Vorwort

Liebe Leserin, lieber Leser!

Der Pocket Teacher Abi Politik/Sozialkunde eignet sich als Wegbegleiter durch die gesamte Oberstufe bis zum Abitur. Er hilft nicht nur beim Schluss-Spurt vor dem Abitur, sondern ebenso gut bei Hausaufgaben und Referaten, bei der Vorbereitung von Klausuren und Tests. Selbst wer glaubt, schon fit zu sein, kann hier mit Gewinn nochmal ein Kapitel querlesen und sein Wissen auffrischen. Vor allem aber werden Zusammenhänge übersichtlich und anschaulich präsentiert. Dazu tragen auch die zahlreichen Grafiken und Schaubilder bei, die den Text durch anschauliche Beispiele oder Zahlenübersichten illustrieren und vertiefen.

Der Pocket Teacher Abi Politik/Sozialkunde enthält alle wichtigen Themenbereiche, die in diesem Fach in der Abiturprüfung „drankommen" können, im Überblick: Essentials des gesellschaftlichen und politischen Systems der Bundesrepublik, die Grundlagen der Volks-, Betriebs- und Sozialwirtschaft, eine genaue Darstellung des europäischen Einigungsprozesses, die Analyse der internationalen Politik unter Einbezug der heutigen Globalisierungstendenzen. Ein Ausblick auf zukünftige Tendenzen sowie Probleme und deren Lösungsstrategien runden den Pocket Teacher ab.

Schnelle Hilfe bei eigenen Problemlösungen bietet das Register am Ende des Bandes. Farbige Pfeile (↗) im Text verweisen auf andere Stellen im Buch, an denen sich weiterführende Informationen finden.

Staat und Gesellschaft in der Bundesrepublik

1.1 Das Grundgesetz

Kurze Entstehungsgeschichte

Drei Jahre nach Kriegsende – am 11.7.1948 – ermächtigten die drei westlichen Siegermächte USA, England und Frankreich die westdeutschen Ministerpräsidenten, eine Verfassung als Grundlage für einen neu zu gründenden westdeutschen Teilstaat zu schaffen. Der wichtigste Satz dieser ***Frankfurter Dokumente*** lautete: „Die verfassunggebende Versammlung wird eine demokratische Verfassung ausarbeiten, die für die beteiligten Länder eine Regierungsform des föderalistischen Prinzips schafft … die Rechte der beteiligten Länder schützt, eine angemessene Zentralinstanz schafft und Garantien der individuellen Rechte und Freiheiten enthält." Dieser Auftrag enthielt also klare staatsrechtliche Festlegungen

- auf die Staatsform der Demokratie. Auch wenn nirgends explizit erwähnt, war klar, dass nicht die gerade im Entstehen begriffenen räte- bzw. volksdemokratischen Staatsformen des kommunistischen Machtbereichs, sondern eine parlamentarische Demokratie nach westlichem Vorbild gemeint war,
- auf einen ***föderalistischen*** Staatsaufbau, also weder einen zentralistischen Staat noch einen losen Staatenbund, sondern einen Bundesstaat mit einer ausbalancierten Machtstruktur zwischen Zentralinstanz und Ländern,
- und auf einen Katalog von ***Grundrechten***.

Diese Verfassung sollte nach der Ausarbeitung den Alliierten zur Genehmigung vorgelegt und dann per Referendum aller in den Westzonen lebenden Bürger (bei geforderter Zweidrittelmehrheit) angenommen werden. Anstelle einer „Verfassunggebenden

Versammlung“ wurde ein „Parlamentarischer Rat“ eingesetzt, der vom 1. September 1948 bis zum 23. Mai 1949 in Bonn tagte. Seine 65 Mitglieder wurden von den Landtagen entsandt.
Auf dem anschließenden „Koblenzer Ministerpräsidentenkongress“ wurde die Überlegung angestellt, dass dieses „Grundgesetz“ (eine neue Begriffsschöpfung) nur ein Provisorium bis zur Wiedervereinigung mit der Ostzone und dem unter polnischer Verwaltung stehenden Gebiet sein könne. Diesem Provisorium würde nach Ansicht der Ministerpräsidenten durch ein Referendum zu große Bedeutung beikommen, daher schlugen sie den Alliierten vor, das GG durch eine Abstimmung in den Länderparlamenten zu ratifizieren. Diese Argumentation setzte sich durch, sodass statt des Volksentscheids im April 1949 (nach Genehmigung des GG durch die Alliierten) die Länderparlamente das GG ratifizierten (nur der Freistaat Bayern stimmte gegen das GG, weil es zu wenig föderale Elemente enthielt). Das GG trat schließlich am 23. Mai 1949 in Kraft.

Aufbau und Systematik

Grundrechte

Im GG stehen die *Grundrechte* am Anfang (Art. 1–19), um auf ihre Bedeutung für diese Verfassung hinzuweisen. Sie fixieren die fundamentalen Rechte des Einzelnen in der politischen Gemeinschaft und garantieren ihm den „staatsfreien“ Raum seiner Privatsphäre. (Dies unterscheidet die demokratische Staatsform von jeder Ausprägung totalitärer Staaten.) Als Abwehrrechte schützen die Grundrechte die persönlichen Freiheitsräume (Glaubensfreiheit, Gewissensfreiheit, Meinungsfreiheit, Pressefreiheit), als Mitwirkungsrechte sichern sie dem Einzelnen politische und soziale Teilhabe (Versammlungsfreiheit, Vereinigungsfreiheit und – formal nicht zu den Grundrechten zählend – das Wahlrecht).
Das GG kennt keinerlei soziale Grundrechte, auch wenn z. B. Art. 6 Abs. 4 GG dies vermuten lässt. Es fehlt im Vergleich zu anderen Verfassungen das Recht auf Arbeit und Bildung, das

Recht auf Freizeit und Erholung und das Recht auf Fürsorge im Alter. Lediglich Art. 20 (der allerdings eine herausgehobene Stellung hat, da er – ebenso wie Art. 1 und 79 Abs. 3 – nicht geändert werden darf) erwähnt das ***Sozialstaatsprinzip***, daher werden diese zuletzt genannten Bereiche in Ausführungsgesetzen geregelt. Außerdem sind diese „Sozialrechte“ auch im Grundgesetz durch die Generalklausel des Art. 1 Abs. 1 (Die Würde des Menschen ist unantastbar) gewährleistet. Andererseits stellte das Bundesverfassungsgericht schon Anfang der 50er-Jahre in einem Grundsatzurteil heraus, dass die Grundrechte nicht primär sozial zu verstehen sind: Die Klage einer Kriegerwitwe, die argumentierte, ihre zu geringe Rente verhindere ihr Recht auf freie Entfaltung ihrer Persönlichkeit (Art. 2, Abs. 1 GG), wurde zurückgewiesen. Das Gericht stellte eindeutig fest, dass die Grundrechte keinen materiell-sozialen Gehalt haben, sondern primär als formaljuristische Sicherheitsgarantien zu verstehen sind.

Prinzipiell gliedert man die Grundrechte in die allgemeinen, d. h. für alle geltenden ***Menschenrechte*** (Meinungsfreiheit, Bekenntnisfreiheit, Gewissensfreiheit, Glaubensfreiheit, Gleichheitsgesetz, allgemeine Persönlichkeitsrechte) und die ***Bürgerrechte***, die nur für die eigenen Staatsangehörigen gelten (Berufsfreiheit, Freizügigkeit, Vereinsfreiheit, Versammlungsfreiheit).

Inhaltlich unterscheidet man in:

- ***Freiheitsrechte:*** Recht auf Leben und körperliche Unversehrtheit, Glaubensfreiheit, Gewissensfreiheit, Recht auf Kriegsdienstverweigerung, Meinungsfreiheit, Wissenschaftsfreiheit, Pressefreiheit, Berufsfreiheit, Freizügigkeit, Postgeheimnis, Unverletzlichkeit der Wohnung
- ***Gleichheitsrechte:*** Willkürverbot, Gleichberechtigungsgebot, Diffamierungsverbot, staatsbürgerliche Gleichheit
- ***Rechtsschutzgarantie:*** Garantie des gesetzlichen Richters, Garantie des richterlichen Gehörs, Rechtsgarantie bei Freiheitsentziehung, Recht auf Asyl für politisch Verfolgte
- ***Institutionelle Garantien:*** Schutz von Ehe und Familie, Eigentum und Erbrecht, Schutz der natürlichen Lebensgrundlagen

- ***Mitwirkungsrechte (korporativeRechte):*** Versammlungsfreiheit, Vereinigungsfreiheit, Widerstandsrecht

Das Demokratieprinzip der BRD

- ***Formaler Demokratiebegriff:*** In der Demokratie erfolgt die Kontrolle der Staatsmacht durch Gewaltenteilung und die Bindung der Staatsgewalt an das Volk durch Wahlen. Zum Wesen der Demokratie gehört die Herrschaft der Mehrheit, wobei die Opposition grundsätzlich jederzeit die Möglichkeit haben muss, einmal die Mehrheit zu werden.
- ***Inhaltlicher Demokratiebegriff:*** Demokratie ist eine Ordnung, die nicht nur den staatlichen Bereich betrifft, sondern Freiheit, Gleichheit und Menschenwürde in allen Bereichen des menschlichen Zusammenlebens verwirklichen möchte, daher den Grundrechten (Menschen- und Bürgerrechte) konstitutive Bedeutung zumisst.

Die Grundrechte stehen nicht beziehungslos nebeneinander, sondern sind Teile einer Wertordnung, die in den weiteren Abschnitten des GG konkretisiert wird. Exemplarisch hat dies das Verfassungsgericht in dem Verbot der Sozialistischen Reichspartei (Nachfolgeorganisation der NSDAP) 1952 skizziert: „Zu den grundlegenden Prinzipien dieser Ordnung sind mindestens zu rechnen: Die Achtung vor den im GG konkretisierten Menschenrechten, … die Volkssouveränität, die Gewaltenteilung, die Verantwortlichkeit der Regierung, die Gesetzmäßigkeit der Verwaltung, die Unabhängigkeit der Gerichte, das Mehrparteiensystem und die Chancengleichheit für alle politischen Parteien."

Die demokratischen Kernbereiche der freiheitlich-demokratischen Grundordnung sind:

- Menschenrechte (Art. 1–19),
- Volkssouveränität (Art. 20),
- Gewaltenteilung (Art. 20),
- Verantwortlichkeit der Regierung (Art. 62–69),
- Gesetzmäßigkeit der Verwaltung (Art. 20),

- Unabhängigkeit der Gerichte (Art. 97),
- Mehrparteienprinzip (Art. 21),
- Wahl (nicht Vererbung) der Staatsämter (Art. 38–69),
- Widerstandsrecht (Art. 20),
- Bindung der Gesetzgebung an verfassungsmäßige Ordnung (Art. 20),
- Bindung der Rechtsprechung an Gesetz und Recht (Art. 20),
- Bundesstaatlichkeit (Art. 20).

Der Verfassungsgrundsatz, dass alle Staatsgewalt vom Volke ausgeht, bedeutet keine unmittelbare Identität von Regierenden und Regierten, wie sie dem Prinzip des ***Rätesystems*** zugrunde liegt. Volkssouveränität bedeutet eine bestimmte Form ***repräsentativer Demokratie***, deren Grundstruktur gemäß Artikel 79 Abs. 3 unabänderlich ist. Die im Volke wurzelnde Staatsgewalt (Volkssouveränität) wird vom Volke ausschließlich in Wahlen und Abstimmungen sowie durch besondere Organe der Gesetzgebung, der vollziehenden Gewalt und der Rechtsprechung ausgeübt. Kein Staatsorgan ist daher frei von rechtlicher Gebundenheit.

Im demokratischen Verfassungsstaat des GG ist zu unterscheiden zwischen Trägerschaft und Ausübung der Staatsgewalt. Das Volk ist Subjekt der verfassunggebenden Gewalt, von ihm geht die Staatsgewalt aus, aber dies nicht unmittelbar. Sie wird vielmehr „durch besondere Organe der Gesetzgebung, der vollziehenden Gewalt und der Rechtsprechung“ repräsentativ für das Volk ausgeübt. Der Parlamentarische Rat hat sich bewusst gegen plebiszitäre Verfassungselemente einer ***direkten Demokratie*** entschieden.

Mit dem parlamentarisch-repräsentativen Modell trägt die Verfassung der Tatsache Rechnung, dass unter den Bedingungen eines hochkomplexen modernen Massenstaates eine unmittelbare Selbstregierung des Volkes schlechthin unmöglich ist, da man nicht von einem einheitlichen Volkswillen als Voraussetzung einer Selbstregierung des Volkes ausgehen kann. Im Gegenteil bedeutet Pluralismus die Anerkennung der Unterschiedlichkeit und Gegensätzlichkeit der Meinungen, Interessen, Willensrichtungen und Bestrebungen und damit die Einsicht in die Notwendigkeit der Existenz von Konflikten innerhalb des Volkes. Art. 20 GG geht von einer Vielfalt und Gegensätzlichkeit aus, die stets erneut die Herstellung politischer Einheit notwendig macht. Der politische Prozess, in dem dies geschieht, soll als ein freier und offener Prozess stattfinden, in dem alle Angehörigen des Volkes politisch gleichberechtigt sind und die real gleiche Chance haben, sich in organisiertem Zusammenwirken nach den Regeln der Verfassung durchzusetzen, und, wenn ihnen dies gelingt, in Parlament und Regierung staatliche Gewalt auszuüben. Im Rahmen der demokratischen Ordnung des Grundgesetzes wird daher Herrschaft von Menschen über andere Menschen begründet und ausgeübt. Aber es handelt sich nicht um eine Herrschaft aus eigenem Recht, sondern um zeitlich und sachlich begrenzte Herrschaft, die der Kritik und Kontrolle unterliegt. Zudem liefert dies System die organisatorischen Voraussetzungen für die rechtsstaatliche Gewährleistung der Gewaltenteilung. Die „besonderen Organe der Exekutive und Judikative" erhalten die erforderliche demokratische Legitimation durch direkte oder indirekte Entscheidungen des durch Volkswahl unmittelbar legitimierten Parlaments. So werden beispielsweise der Bundeskanzler vom Bundestag (Art. 63), die Bundesverfassungsrichter teils vom Bundestag, teils vom Bundesrat (Art. 94/1) gewählt.

Die „wehrhafte Demokratie"

Die Mitglieder des Parlamentarischen Rates beließen es nicht dabei, die einzelnen Regelungen der Verfassung nach der Grundordnung auszugestalten. Sie wollten vermeiden, dass noch einmal eine freiheitliche und demokratische Verfassung beseitigt würde. Der Staat des Grundgesetzes sollte nicht nur fähig sein, sich gegen rechtswidrige Angriffe auf seine Verfassung oder seinen Bestand zur Wehr zu setzen. Im Gegensatz zur Weimarer Republik sollte er die Möglichkeit erhalten, sich auch solchen

Bestrebungen gegenüber abwehrbereit zeigen zu können, die auf „legalem" Wege die Regierungsmacht anstreben, um dann die Verfassung und den Staat zu einem Instrument ihrer Herrschaft umzugestalten. Deshalb wurde in der neuen Verfassung das Prinzip einer „wehrhaften Demokratie" eingeführt:

- Parteien, die die freiheitlich-demokratische Grundordnung abschaffen wollen, können verboten werden (Art. 21 GG), ebenso sonstige Vereinigungen, die dieses Ziel anstreben (Art. 9 GG).
- Bürgern, die ihre Grundrechte zum Kampf gegen die freiheitlich-demokratische Grundordnung missbrauchen, können diese Grundrechte aberkannt werden (Art. 18 GG).
- Die Angehörigen des öffentlichen Dienstes, also diejenigen, die das Grundgesetz zu verwirklichen und zu bewahren haben, dürfen nicht selbst Gegner der Grundlagen dieser Verfassung, nämlich der freiheitlich-demokratischen Grundordnung sein (Art. 33 GG).

Verschiedene Institutionen wurden ausdrücklich damit beauftragt, den Schutz dieser Demokratie zu übernehmen, also die Durchführung der „wehrhaften Demokratie" zu sichern. Das sind vor allem:

- das ***Bundesverfassungsgericht,*** das u. a. über das Verbot verfassungswidriger Parteien oder über die Aberkennung von Grundrechten entscheidet,
- die Polizei, soweit sie aktuelle strafbare Angriffe auf den Bestand des Staates oder auf die Verfassung (Hochverrat) abzuwehren bzw. entsprechende Straftäter zu verfolgen hat,
- der nachrichtendienstliche Verfassungsschutz, zu dessen Aufgaben es gehört, das Vorfeld solcher strafbaren Bestrebungen, aber auch solche Bestrebungen zu beobachten, die auf „legalem" Wege an die Macht zu kommen trachten, um dann die freiheitlich-demokratische Grundordnung abschaffen zu können,
- sonstige Verwaltungsbehörden, denen durch Gesetz die Aufgabe zugewiesen ist, bestimmte Maßnahmen zum Schutz von Verfassung und Staat zu treffen (z. B. Verwaltungsbehörden, die Vereinsverbote gem. Art. 9 GG auszusprechen haben),

- und schließlich neben dem Bundesverfassungsgericht alle anderen Gerichte, die entweder über Straftaten der hier genannten Art oder über die hier ebenfalls dargestellten Maßnahmen von Behörden zu urteilen haben.

Das Prinzip der wehrhaften Demokratie kann man in dem Satz zusammenfassen: „Keine Freiheit für die Feinde der Freiheit". Den erklärten Gegnern der demokratischen Freiheit darf die Demokratie nicht die Mittel zu ihrer Abschaffung in die Hand geben. Aus solchen Erfahrungen sind insbesondere der Art. 21 Abs. 2 GG und der ***Verfassungsschutz*** sowie das in Art. 20 Abs. 4 GG fixierte ***Widerstandsrecht*** gegen verfassungswidrig ausgeübte staatliche und andere Gewalt entstanden. Letzeres wurde erst 1968 nach der Verabschiedung der Notstandsgesetze ins Grundgesetz aufgenommen.

Rechtsstaatlichkeit

Organisatorisches Grundprinzip des Rechtsstaats ist die ***Gewaltenteilung***.

Der Begriff Rechtsstaat will die Rechtsbindung des Staates an verfassungsmäßig erlassene Gesetze und die Machtbegrenzung des Staates zum Ausdruck bringen. Gemeint ist jede Ausübung staatlicher Gewalt.

Der Rechtsstaat verfolgt mehrere Ziele:

- ***Freiheitssicherung:*** Der Einzelne und Vereinigungen von Menschen sollen gegenüber dem Staat geschützt werden. Diese Zielsetzung findet ihre Fortsetzung und Konkretisierung in den Grund- und Menschenrechten. Hierbei geht es um die Garantie der Privatsphäre des Individuums. Der Staat soll in sie nicht eingreifen. Der Einzelne beansprucht und erhält einen Lebensraum, den er so weit wie eben möglich nach eigenem Gutdünken gestalten kann. Die wichtigsten Garantien in diesem Zusammenhang sind die klassischen Menschenrechte (Grundrechte). Die Freiheit, zu deren Sicherung und Behauptung die staatliche Gewalt eingesetzt ist, findet ihre Grenze nur da, wo die Freiheit des Anderen beginnt. Da ein unbeschränkter Gebrauch der Freiheit

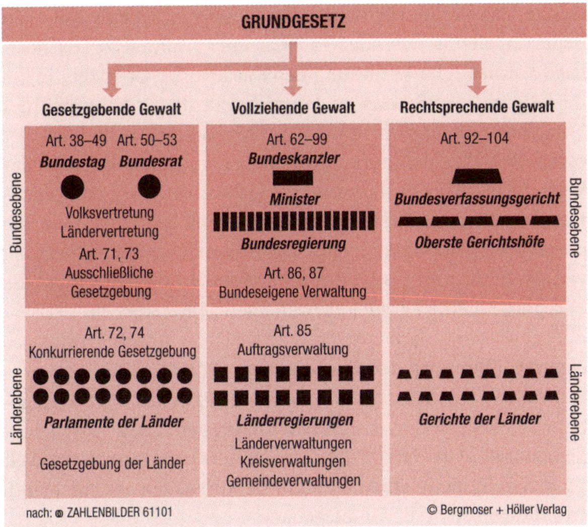

Die Teilung der Staatsgewalt

zum Recht des Stärkeren führt, überwacht der Staat die Geltung der Freiheitsrechte auch in den Beziehungen Privater untereinander und gewährt im Konfliktfall dem Individuum Schutz gegen mächtige soziale Gruppen und Organisationen.

- ***Rechtsgleichheit:*** Gesetze gelten für alle gleich, und alle Bürger sind vor dem Gesetz gleich, wobei zur Vermeidung von Missverständnissen hinzuzufügen ist: Nur tatsächlich Gleiches ist gleich zu behandeln, Ungleiches darf seiner tatsächlichen Ungleichheit entsprechend auch rechtlich ungleich behandelt werden. Das Prinzip des Rechtsstaats verträgt die Existenz privilegierter Rechtsklassen, wie sie z. B. das preußische Dreiklassenwahlrecht kannte, nicht.
- ***Rechtssicherheit:*** Zu dieser Zielsetzung gehören das Prinzip des Vertrauensschutzes, d. h. die Bindung der staatlichen Organe, vor allem der Verwaltung und Rechtsprechung an Recht und

Gesetz; das Verbot rückwirkender Gesetze, das heißt erst nach Begehung der betreffenden Tat erlassener Strafgesetze (Ex-post-facto-Verbot); die Forderung der Klarheit der Gesetze; die Ermächtigung des Staates zu Eingriffen in die Privatsphäre des Einzelnen nur aufgrund eines Gesetzes (Gesetzesvorbehalt); der gerichtliche Rechtsschutz gegen Akte der staatlichen Gewalt; das Verbot willkürlicher Verhaftung („Habeas corpus“); die ***Rechtsweggarantie*** (zur Klärung eines Sachverhaltes kann man die ordentlichen Gerichte anrufen, wenn man sich in seinen Rechten verletzt fühlt) und das Übermaßverbot, d. h., der Staat muss die Verhältnismäßigkeit der angewendeten Mittel wahren.

Weitere Elemente des Rechtsstaats

- ***Bindung der Gesetzgebung:*** In Art. 20/3 wird die Gesetzgebung an die verfassungsmäßige Ordnung gebunden. Das bedeutet konkret: Alle Gebote und Verbote des Grundgesetzes, soweit sie nicht eindeutig an einen anderen Adressaten gerichtet sind, verpflichten auch die Gesetzgebung.
- ***Vorausberechenbarkeit aller staatlichen Machtmaßnahmen:*** Eine Tat kann nur bestraft werden, wenn die Strafbarkeit gesetzlich bestimmt war, bevor die Tat begangen wurde (Art. 103 GG – „nulla poena sine lege“). Eine bloße Missbilligung durch die Gesellschaft reicht nicht, dem Täter muss vor der Tat klar sein, dass sein beabsichtigtes Tun unter Strafe gestellt ist. Es gilt allerdings der Grundsatz: „Unwissenheit schützt vor Strafe nicht.“
- ***Möglichst genaue Beschreibung des strafbaren Tuns:*** Zwar sind Wertbegriffe wie „Beleidigung“, „sittlich niedriger Beweggrund“ o. Ä. nach Ansicht des BVerfG hinreichend exakte Beschreibungen, ansonsten aber gilt das Gebot möglichst genauer Definitionen.
- ***Verbot rückwirkender Gesetze:*** Entscheidend für die Strafzumessung ist die Rechtslage in dem Augenblick, in dem die Tat begangen wurde, alle evtl. später erfolgten Gesetzesnovellen sind unwirksam. Dies gilt allerdings nicht für die Verlängerung von Fristen für die Strafverfolgungs- oder Strafvollstreckungsverjäh-

rung (so hat z. B. der Bundestag die Verjährungsfrist für die Bestrafung von Kriegsverbrechen oder Verbrechen gegen die Menschlichkeit aufgehoben).

- ***Gesetz und Recht in der Verwaltung:*** Die Verwaltung im weiteren Sinne ist nach Art. 20 Abs. 3 GG an Gesetz und Recht gebunden. Dies bedeutet, dass die Verwaltung gegenüber dem Staatsbürger keinen Freibrief besitzt, sondern vielmehr die gesamte Rechtsordnung gewissenhaft zu beachten hat. Dies gilt insbesondere für die exekutive Ebene der Verwaltungsvorschriften, die dem Gesetz unterworfen sind und nicht in Widerspruch zu diesem geraten dürfen.

Bundesstaatlichkeit

Unter einem ***Bundesstaat*** (Föderation, föderalistischer Staat) versteht man einen aus mehreren Teilstaaten oder Bundesländern und ihrem Zusammenschluss, dem Zentralstaat oder Bund, bestehenden Gesamtstaat. Sowohl die Gliedstaaten als auch der Zentralstaat haben Staatsqualität, d. h., den Ländern werden Eigenverantwortung und ein eigener politischer Gestaltungsraum garantiert. Ihre Hoheitsmacht ist allerdings traditionell beschränkt und umfasst i. d. R. grundsätzlich nicht die Bereiche Außen- und Verteidigungspolitik. Der föderale Staat ist völker- und staatsrechtlich souverän mit einheitlichem Staatsgebiet (territoriale Souveränität), einer nach außen einheitlichen Staatsgewalt und einem Staatsvolk. Im Gegensatz zum ***zentralistisch*** organisierten Staat (z. B. Frankreich) sind die Gliedstaaten keine reinen Verwaltungsstellen.

Im Bundesstaat Deutschland regeln das GG und die nachgeordneten Gesetze Befugnisse, Bestellung und Amtsdauer der Bundesorgane und die Kompetenzverteilung zwischen Bund und Ländern in der Gesetzgebung, Verwaltung und Rechtsprechung. Nach Art. 70 GG haben die Länder das Recht der Gesetzgebung, soweit das Grundgesetz nicht dem Bund Gesetzgebungsbefugnisse verleiht. Aber auch wenn der Bund für die Gesetzgebung zuständig ist, haben die Länder über den Bundesrat ein abgestuf-

Länderfinanzausgleich																	
Jahr	Berlin	Baden-Württemberg	Bayern	Brandenburg	Bremen	Hamburg	Hessen	Mecklenburg-Vorpommern	Niedersachsen	Nordrhein-Westfalen	Rheinland-Pfalz	Saarland	Sachsen	Sachsen-Anhalt	Schleswig-Holstein	Thüringen	
2000	2812	-1957	-1884	644	442	-556	-2734	500	568	-1141	392	167	1182	711	185	670	±8273
2001	2653	-2115	-2277	498	402	-268	-2629	434	952	-278	229	146	1031	591	60	573	±7568
2002	2677	-1663	-2047	541	407	-197	-1910	439	487	-1628	419	139	1047	607	112	571	±7445
2003	2639	-2169	-1859	502	346	-656	-1876	392	393	-50	259	107	936	520	16	500	±6610
2004	2703	-2170	-2315	534	331	-578	-1529	403	446	-213	190	116	930	532	102	517	±6804
2005	2456	-2235	-2234	588	366	-383	-1606	434	363	-490	294	113	1020	587	146	581	±6948
2006	2709	-2057	-2093	611	417	-623	-2418	475	240	-132	346	115	1078	590	124	617	±7322
2007	2900	-2316	-2311	675	471	-368	-2885	513	318	-38	343	125	1165	627	136	644	±7917
2008	3154	-2521	-2938	627	507	-375	-2489	545	323	50	377	117	1170	633	178	643	±8322

Quelle: Wissenschaftlicher Dienst des Bundestages, Bundesfinanzministerium

Länderfinanzausgleich

tes Mitwirkungsrecht. Im Bereich der staatlichen Verwaltung (Art. 83 GG), der Rechtsprechung (Art. 94 und 95 GG) und des Finanzwesens (Art. 104 Abs. GG) arbeiten die Länder mit dem Bund zusammen.

Die einzelnen Regelungen, die die Machtbalance zwischen der Zentralinstanz und den Bundesländern im Rahmen der Verfassung konkretisieren, finden sich in den Art. 73 (***ausschließliche Gesetzgebung*** des Bundes), Art. 74 (***konkurrierende Gesetzgebung*** zwischen Bund und Ländern) und Art. 75 (***Rahmengesetzgebung***).

Nach Art. 107 Abs. 2 GG muss die unterschiedliche Finanzkraft der Länder angemessen ausgeglichen werden (***Länderfinanzausgleich***). Durch Gesetz kann der Bund aus seinen Mitteln leistungsschwachen Ländern Finanzhilfen gewähren.

Um dem Verfassungsauftrag gerecht zu werden, haben Bund und Länder eine Vielzahl von Bund-Länder-Ausschüssen eingerichtet, deren Aufgabe es ist, z. B. den Ausbau und Neubau von Hochschulen zu koordinieren und zu fördern, die regionale Wirtschaftsstruktur zu verbessern und die Agrarstruktur und den Küstenschutz voranzutreiben.

Der Föderalismus in Deutschland ist – mit Unterbrechung der Jahre 1933–45 – geschichtlich gewachsen und gehört zur deutschen Verfassungstradition. Dies zeigen Umfrageergebnisse deutlich: Während Anfang der 50er-Jahre die Hälfte der Bevölkerung einen zentralistischen Staat wollte und nur rund 20 % für den Föderalismus stimmten, hat sich die Zahl der Befürworter auf mittlerweile rund drei Viertel mehr als verdreifacht. Der Föderalismus befördert unbestritten das Gebot des Subsidiaritätsprinzips (die nächsthöhere Instanz wird erst dann aktiv, wenn die Selbsthilfe auf der direkt betroffenen Ebene nicht greift oder ausreicht). Er verhindert jedes unnötige Angleichen oder Einebnen zivilisatorischer und kultureller Eigenheiten und bewirkt eine räumlich und persönlich engere Bindung der Bürger an die Entscheidungsträger in den Ländern. Die unterschiedlichen Koalitionen und Programme in den einzelnen Ländern schaffen eine Vielfalt von Gegebenheiten, die jeweils deutlich machen, welche politischen Konzeptionen und Maßnahmen sich in der Praxis besser bewährt haben und welche Ergebnisse erzielt worden sind. Der Föderalismus ist darüber hinaus eine zusätzliche Garantie dafür, dass die Gewaltenteilung ihren Zweck erfüllt.
Föderalismus hat gerade aus deutscher Sicht neben der nationalen auch eine zunehmend wichtiger werdende europäische Dimension. Im 1992 neu gefassten Art. 23 GG ist die Mitwirkung der Bundesrepublik an der Entwicklung der Europäischen Union als neues ***Staatsziel*** festgeschrieben worden. Um den Ländern eine Mitsprache auf europäischer Ebene zu sichern, ist eine Einbeziehung des Bundesrates in die Europapolitik der Bundesregierung vorgesehen.

Föderalismusreform

Nach langen Debatten und mehreren Anläufen wurde im März 2006 die bisher umfassendste Reform des bundesdeutschen Föderalismus endlich umgesetzt.

Die Kernpunkte:

- Beschleunigung des Gesetzgebungsverfahrens durch Absenkung der Zahl der zustimmungspflichtigen Gesetze auf max. 40 % (vorher 60 %).
- Im Gegenzug erhalten die Länder die ausschließliche Gesetzgebungskompetenz für das Dienst-, Besoldungs- und Versorgungsrecht der Landes- und Kommunalbeamten, den Strafvollzug, das Heimrecht, das Ladenschluss- und Gaststättenrecht, das Versammlungsrecht und das Presserecht sowie im Bereich des Umwelt- und Bildungsrechts ein sogenanntes „Abweichungsrecht".
- Alleinige Zuständigkeit des Bundes in Zukunft für das Melde- und Ausweiswesen, die Kernenergie, das Waffen- und Sprengstoffrecht, das Kriegsfolgenrecht sowie den „Schutz deutschen Kulturgutes gegen Abwanderung ins Ausland".
- Die Bildungspolitik wird weitgehend Ländersache.
- Der Bund ist ausschließlich für die Bundesbeamten und die Länder sind für die Landesbeamten zuständig (Beamtenrecht).
- Die Zuständigkeiten des Bundeskriminalamts werden ausgeweitet. Die Abwehr von terroristischen Gefahren fällt damit ausschließlich in den Zuständigkeitsbereich des Bundes. Die Länder erhalten dafür mehr Kompetenzen im Katastrophenschutz.
- Die in Art. 23 GG garantierten Zustimmungsrechte der Bundesländer in EU-Fragen fallen größtenteils weg.

Die Verfassung als Spiegel des gesellschaftlichen Wandels

Die wichtigsten Verfassungsänderungen seit 1949

Das Grundgesetz der Bundesrepublik Deutschland sieht in Artikel 79 Abs. 2 die Möglichkeit einer Verfassungsänderung vor, da jede Verfassung, die so detailliert und umfangreich wie das GG ist (die amerikanische Verfassung dagegen enthielt z. B. ursprünglich nur 7 Artikel), auf die Veränderungen im politischen, wirtschaftlichen und sozialen Bereich reagieren muss. Auch alle früheren deutschen Reichsverfassungen kannten die Möglichkeit einer Verfassungsänderung.

Nach Artikel 79 Abs. 1 muss eine Verfassungsänderung explizit als solche gekennzeichnet werden, d. h., der Gesetzgeber muss ausdrücklich zu erkennen geben, dass er das Gesetz zum Zwecke der Verfassungsänderung erlassen hat, und sie muss mit einer ***Zweidrittelmehrheit*** von Bundestag und Bundesrat erfolgen. Allerdings hat der Parlamentarische Rat klare enge inhaltliche Grenzen gezogen:

- Laut Art. 79 Abs. 3 GG dürfen weder der föderalistische Staatsaufbau noch die in den Art. 1 und 20 niedergelegten Prinzipien berührt werden. (Allerdings können diese Grundsätze ergänzt und erweitert werden – s. die öffentliche Diskussion über neue Staatsziele – ↗ S. 29)
- Art. 19 Abs. 2 GG legt fest, dass kein Grundrecht in seinem Wesensgehalt angetastet werden darf.

Notstandsgesetze

Sie bilden die wichtigste Verfassungsänderung in der Geschichte der BRD. In der heftigen Auseinandersetzung – auch in der Öffentlichkeit – wurde die Sorge ausgesprochen, dass durch die Notstandsgesetze die demokratische Grundordnung verändert werden könnte, zudem die parlamentarische Opposition, die damals von der zahlenmäßig sehr kleinen FDP gestellt wurde, keine ausreichende Kontrolle von Bundestag und Bundesregierung möglich machte.

Die Notstandsgesetze sollten zwei Aufgaben lösen:

- Erstens hatten die westlichen Alliierten auch nach der Aufhebung des Besatzungsstatuts (1955) noch das Recht, in Zeiten des Notstandes die Befehlsgewalt in Deutschland zu übernehmen.
- Zweitens wollten die deutschen Behörden für den Fall des Notstandes Vorsorgeregelungen treffen, die besser den demokratischen Rechtsstaat schützen konnten, als dies in der Weimarer Republik der Fall war. Dabei ist der Notstand ein Ausnahmefall, der besonderer Regelungen bedarf und für den eine sorgsame verfassungsmäßige Überwachung erforderlich ist.

Die am 30. 5. 1968 mit 364:100 Stimmen vom Bundestag verabschiedete Notstandsverfassung sieht zwei Fälle von Notstand vor: den ***inneren Notstand*** und den ***äußeren Notstand***. Der innere Notstand liegt bei Naturkatastrophen (Katastrophennotstand) und bei Aufständen oder Bürgerkriegen vor – wobei Streiks nicht zu den Aufständen gehören. Für den inneren Notstand sieht die Notstandsverfassung den Einsatz von Polizei, Bundesgrenzschutz und, mit Zustimmung von Bundesrat oder Bundestag, auch den Einsatz der Bundeswehr vor. Die Organe des Bundes (Bundesgrenzschutz und Bundeswehr) treten erst dann in Aktion, wenn das Bundesland, in dem der innere Notstand ausgebrochen ist, nicht in der Lage oder nicht willens ist, den Notstand zu bekämpfen oder wenn die freiheitlich-demokratische Grundordnung des Bundes oder eines Landes in Gefahr ist. Im Katastrophennotfall ist der Einsatz von Bundesgrenzschutz und Bundeswehr auch schon möglich, wenn das Bundesland die Hilfe des Bundes anfordert. Für den Staatsbürger bringt der innere Notstand möglicherweise eine Beschränkung der Freizügigkeit. Diese Beschränkung muss vom Bundestag in einem Gesetz beschlossen werden.

Der äußere Notstand liegt vor, wenn die Bundesrepublik mit Waffengewalt angegriffen wird oder ein solcher Angriff unmittelbar bevorsteht. Der ***Verteidigungsfall*** muss von Bundestag und Bundesrat oder, wenn der Bundestag handlungsunfähig ist, durch den Gemeinsamen Ausschuss beschlossen und vom Bundespräsidenten im Bundesgesetzblatt verkündet werden. Der Gemeinsame Ausschuss hat die Funktion eines Ersatzparlaments, kann Gesetze aller Art erlassen, aber keine Grundgesetzänderung vornehmen. Seine Beschlüsse können durch den Bundestag und den Bundesrat jederzeit aufgehoben werden. Schon diese Regelungen zeigen, dass auch im Verteidigungsfall die Initiative beim Parlament oder dem Gemeinsamen Ausschuss bleibt und keinerlei Sonderfunktionen auf den Bundespräsidenten übergehen.

Änderung des Asylrechts

1993 wurde das Asylrecht, bis dahin eines der großzügigsten auf der Welt, durch Änderungen eingeschränkt, um der zunehmenden Masse von Asylsuchenden Herr zu werden und Wirtschafts- sowie Bürgerkriegsflüchtlinge von „echten“, d. h. politisch verfolgten Asylsuchenden zu trennen. Die wichtigste Neuregelung findet sich in Art. 16a Satz 2: Wer aus einem „sicheren Drittstaat“ anreist, hat kein Recht auf Asyl. Die sicheren Drittstaaten werden durch Gesetz bestimmt.

Der „Lauschangriff“

Im Januar 1998 wurde Art. 13 GG um die Absätze 3–6 ergänzt. Die neuen Absätze eröffnen den Behörden erweiterte und erleichterte Möglichkeiten, Wohnungen von Verdächtigen mit technischen Mitteln abzuhören und die so gewonnenen Erkenntnisse zu verwerten, um den in den 90er-Jahren neu entstandenen Formen ***organisierter Kriminalität*** besser begegnen zu können. Kritik und parlamentarischer wie öffentlicher Streit entzündeten sich hauptsächlich an den Ausführungsgesetzen zum sog. „Großen Lauschangriff“, der Änderungen der StPO vorsah (Erweiterung des Katalogs schwerer Straftaten, strafrechtliche Erfassung neuer Delikte – z. B. Geldwäsche). Da zwischen Regierung und Opposition keine Einigkeit erzielt werden konnte, wurde der Vermittlungsausschuss angerufen. Hier wurde folgender Kompromiss verabschiedet:

- Für sämtliche Personengruppen, denen nach der StPO ein ***Zeugnisverweigerungsrecht*** zusteht (§53 StPO), wird ein sog. ***Beweiserhebungsverbot*** garantiert – also kein Abhören für einen umfassenden Kreis von Personen. Dazu gehören insbesondere Journalisten und Ärzte.
- Notwendig für den „Lauschangriff" ist die Anordnung durch die Staatsschutzkammer eines Landgerichtes (drei Richter, die gemeinsam einen Beschluss fassen müssen).
- Notwendig ist eine konkretisierte, also nicht allgemeine Verdachtslage, die sich auf eindeutige Indizien stützt.
- Eine optische Wohnraumüberwachung bleibt unzulässig.
- Abhören ist das letzte Mittel zur Strafverfolgung, wenn keine anderen Möglichkeiten zur Ermittlung bestehen.
- Befristung auf 4 Wochen, Verlängerungen um jeweils weitere vier Wochen nur nach Prüfung der Voraussetzungen für die Abhörung möglich.
- Im Nachhinein ist der Betroffene zu unterrichten, wenn sich die Abhörung als gegenstandslos herausgestellt hat; dann kann auch eine gerichtliche Überprüfung der Zulässigkeit der Maßnahme erfolgen.

Die Verfassungsänderungen nach der Wiedervereinigung

In Art. 5 des Einigungsvertrages zwischen der BRD und der DDR war vorgesehen, das GG den veränderten Verhältnissen im vereinten Deutschland anzupassen. Deshalb wurde eine ***Gemeinsame Verfassungskommission*** von Bundestag und Bundesländern eingerichtet, die ausführlich über Verfassungsänderungen debattierte. Eine Verfassungsreform ist dabei nicht herausgekommen, wohl aber einzelne nicht unwesentliche Ergänzungen des Verfassungstextes. Die Diskussion in der Verfassungskommission war sehr breit angelegt, es ging vornehmlich um drei Themenkomplexe: die Erweiterung des Partizipationsspielraumes der Bürger durch Aufnahme plebiszitärer Elemente in das Grundgesetz (z. B. neue und erweiterte Möglichkeiten für Volksabstimmungen, Direktwahl des Bundespräsidenten), die verfassungsrechtlichen Folgen des europäischen Einigungsprozesses (↗ S. 26) und die Aufnahme neuer Staatsaufgaben und -ziele in das GG.

Von der plebiszitären Ergänzung versprachen sich die Befürworter vor allem eine Stärkung der Legitimation unseres politischen Systems. Von der breiten Diskussion öffentlicher Angelegenheiten solle eine einheitsstiftende Kraft ausgehen. Da die moderne Gesellschaft mit ihrer Tendenz zur Individualisierung und Fragmentierung sich nur mühsam über allgemein akzeptierte Normen integrieren könne, sei ihre Fortentwicklung zu einer aktiven Bürgergesellschaft für den politischen Willensbildungsprozess von großer Bedeutung. Demgegenüber wollten vor allem CDU/CSU und FDP auf Bundesebene an den bewährten Prinzipien der repräsentativen Demokratie festhalten. So kam es nicht zur Aufnahme plebiszitärer Elemente in das Grundgesetz. Ob dies auf Dauer zu rechtfertigen ist, muss immer wieder mit aller Offenheit geprüft werden.

1994 schließlich wurden die mehrheitsfähigen Vorschläge der Gemeinsamen Verfassungskommission ratifiziert:

In Art. 3 Abs. 2 wird dem Satz „Männer und Frauen sind gleichberechtigt" der Satz hinzugefügt: „Der Staat fördert die tatsächliche Durchsetzung der Gleichberechtigung von Frauen und Männern und wirkt auf die Beseitigung bestehender Nachteile hin."

In unmittelbarem Anschluss daran heißt es zusätzlich: „Niemand darf wegen seiner Behinderung benachteiligt werden."

Das ***Staatsziel*** Umweltschutz ist in einem neuen Art. 20a geregelt. Er lautet: „Der Staat schützt auch in Verantwortung für die künftigen Generationen die natürlichen Lebensgrundlagen im Rahmen der verfassungsmäßigen Ordnung durch die Gesetzgebung und nach Maßgabe von Gesetz und Recht durch die vollziehende Gewalt und die Rechtsprechung."

Das Selbstverwaltungsrecht der Gemeinden wird durch einen Zusatz in Art. 28 Abs. 2 gestärkt. Er lautet: „Die Gewährleistung

der Selbstverwaltung umfasst auch die Grundlagen der finanziellen Eigenverantwortung."
In einem umfangreichen Absatz 8 zu Art. 29 wird den Bundesländern das Recht eingeräumt, ihre Gebiete durch Staatsvertrag neu zu regeln.
Das Gesetzgebungsrecht des Bundes zu Lasten der Länderkompetenzen wird eingeschränkt. Gleichzeitig erhält der Bund aber das Gesetzgebungsrecht bei Fortpflanzungsmedizin, Organtransplantation und Gentechnologie.

Verfassungsänderungen aufgrund des europäischen Vereinigungsprozesses

Der europäische Einigungsprozess wurde zu einem verfassungsrechtlichen Problem, weil der Maastricht-Vertrag vom 7. 3. 1992 die Bildung einer Wirtschafts- und Währungsunion bis hin zur Einführung einer gemeinsamen europäischen Währung vorsieht. Auch sollen erste Schritte zu einer politischen Union (etwa in der Außen- und Sicherheitspolitik) eingeleitet werden. Der Vollzug dieser Vereinbarungen macht die Übertragung ***nationaler Hoheitsrechte*** an die EU erforderlich. Um die Bedenken mangelnder demokratischer Legitimation zu zerstreuen, schreibt das Grundgesetz in einem neuen Art. 23 (***Europaartikel***) vor, im Vorfeld von Rechtsetzungsakten der EU Bundestag und Bundesrat zu beteiligen. Art. 23 GG macht zudem künftige Erweiterungen der EU-Befugnisse von entsprechenden Grundgesetzänderungen abhängig, wobei das Demokratiegebot (Art. 20 und Art. 79 Abs. 3 GG) einzuhalten ist. Auch das Bundesverfassungsgericht schaltete sich in die Diskussion um mögliche Demokratiedefizite beim europäischen Integrationsprozess ein und verlangte in seinem Urteil zum Maastricht-Vertrag, eine fortschreitende europäische Integration müsse mit einer Vertiefung der demokratischen Legitimation der Institutionen der EU einhergehen. Parallel zur Integration müsse eine lebendige Demokratie in den Mitgliedstaaten erhalten bleiben.

GG und Wiedervereinigung

Am 21. Juni 1990 stimmte der Bundestag mit 445 gegen 60 Stimmen dem deutsch-deutschen Staatsvertrag zu. Die Resolution zur deutsch-polnischen Grenze (Anerkennung der ***Oder-Neiße-Linie***) wurde mit 487 gegen 15 Stimmen angenommen. Am selben Tag stimmte in Ost-Berlin die Volkskammer mit 322 gegen 82 Stimmen dem Staatsvertrag und mit 385 gegen 6 Stimmen der Grenzresolution zu. Am 22. Juni 1990 billigte sie auch der Bundesrat. Damit war die historische Entscheidung gefallen, dass Deutschland ab dem 1. 7. 1990 eine Währungs-, Wirtschafts- und Sozialunion mit der D-Mark als gemeinsamer Währung und der Bundesbank als Notenbank wurde:

- Grundlage der Wirtschaftsunion ist die ***Soziale Marktwirtschaft*** als gemeinsame Wirtschaftsordnung beider Vertragsparteien mit einem ihr entsprechenden Arbeitsrecht und einem auf den Prinzipien der Leistungsgerechtigkeit und des sozialen Ausgleichs beruhenden umfassenden System der sozialen Sicherung des Menschen.
- In den anschließenden Leitsätzen wird Privatwirtschaft, Wettbewerb und Vertragsfreiheit garantiert. Die politisch motivierte Preisgestaltung der DDR wird aufgehoben, die Preisbildung erfolgt nach den ***Marktgesetzen***. Gleiches gilt für Löhne und Arbeitsbedingungen.

Voraussetzung für diesen politischen Zusammenschluss der beiden deutschen Staaten war die Einführung einer föderalen Struktur in der DDR. Das Ländereinführungsgesetz vom 14. 10. 1990 stellte die fünf früheren Länder Mecklenburg-Vorpommern, Brandenburg, Sachsen-Anhalt, Sachsen und Thüringen wieder her. Die Länder traten an die Stelle der 1952 auf Druck der SED-Führung geschaffenen 14 Bezirke.

Im Sommer 1990 entbrannte in der BRD wie auch der DDR eine heftige Diskussion über die inhaltliche Gestaltung des Einigungsvertrages (2. Deutscher Staatsvertrag). Es ging um die Kontroverse, ob die neuen Bundesländer der bestehenden BRD nach Art. 23 GG beitreten („Dieses GG gilt zunächst nur … In den

anderen Teilen Deutschlands ist es nach deren Beitritt in Kraft zu setzen“) oder ob nach Art. 146 GG ein neuer Staat mit einer völlig neuen Verfassung geschaffen werden sollte („Dies GG verliert seine Gültigkeit an dem Tag, an dem eine Verfassung in Kraft tritt, die von dem Deutschen Volk in freier Entscheidung beschlossen ist“).
Am 23. 8. beschloss die Volkskammer der DDR den Beitritt der DDR zur Bundesrepublik nach Art. 23 Grundgesetz mit Wirkung vom 3. 10. Am 31. 8. wurde der ***Einigungsvertrag*** ratifiziert, nachdem es langwierige Verhandlungen über die Fragen des Eigentums, der zwischen 1945 und 1949 in der DDR vorgenommenen Bodenreform, der Finanzausstattung der neuen DDR-Länder sowie den gesetzlichen Vorschriften über den Schwangerschaftsabbruch gegeben hatte. Der wichtigste Artikel (Nr. 1) lautet: „Mit dem Wirksamwerden des Beitritts der DDR zur BRD gemäß Art. 23 GG am 3. Oktober 1990 werden die Länder Brandenburg, Mecklenburg-Vorpommern, Sachsen, Sachsen-Anhalt und Thüringen Länder der Bundesrepublik Deutschland.“
Das GG wurde entsprechend geändert:

- Die Präambel wurde umgestaltet, der bisherige Anspruch „Es (das deutsche Volk) hat auch für jene Deutschen gehandelt, denen mitzuwirken versagt war. Das gesamte Deutsche Volk bleibt aufgefordert, in freier Selbstbestimmung die Einheit und Freiheit Deutschlands zu vollenden“ wurde umformuliert in „Die Deutschen … haben in freier Selbstbestimmung die Einheit und Freiheit Deutschlands vollendet. Damit gilt dieses Grundgesetz für das gesamte Deutsche Volk.“
- Der Art. 23 wurde zunächst aufgehoben und später in Bezug auf die EU völlig neu gefasst.
- Der Art. 146 wurde um den folgenden Einschub ergänzt: „… das nach Vollendung der Einheit und Freiheit Deutschlands für das gesamte Deutsche Volk gilt …“.

Die Kontroverse um in der Verfassung fixierte Staatsziele

Die Sachverständigenkommission zur Ergänzung des GG hat den Begriff ***Staatsziele*** definiert: „Staatszielbestimmungen sind Verfassungsnormen mit rechtlich bindender Wirkung, die der Staatstätigkeit die fortdauernde Beachtung oder Erfüllung bestimmter Aufgaben vorschreiben.“ Staatsziele fixieren damit ein bestimmtes Programm der Staatstätigkeit und sind daher eine Richtlinie für das staatliche Handeln.

Man unterscheidet drei verschiedene Ausprägungen:

- Gesetzgebungsaufträge richten sich nur an den Gesetzgeber,
- Programmsätze regen den Gesetzgeber nur an, in bestimmten Gebieten tätig zu werden,
- soziale Grundrechte schaffen einklagbare, individuelle Rechtspositionen.

In der Gemeinsamen Verfassungskommission wurde das Problem weiterer Staatsziele heftig und kontrovers diskutiert. So haben SPD und BÜNDNIS 90/DIE GRÜNEN Anträge zu sozialen Staatszielen eingebracht. Während BÜNDNIS 90/DIE GRÜNEN einen neuen Art. 12a beantragt hatte, der „das Recht jedes Menschen auf Arbeit“ beinhaltete, beantragte die SPD fünf Artikel zur Ergänzung von Art. 20, die die Verpflichtung des Staates zur Schaffung und Erhaltung von Arbeitsplätzen und eines hohen Beschäftigungsstands im Rahmen des gesamtwirtschaftlichen Gleichgewichts bedeuteten.

Zu einem Staatsziel „Wohnen“ beantragte BÜNDNIS 90/DIE GRÜNEN eine Einfügung von Art. 13a, der u. a. den Schutz für das Recht jedes Menschen auf eine angemessene Wohnung fördern sollte. Die SPD beantragte folgende knappe Ergänzung nach Art. 20: „Der Staat fördert die Schaffung und Erhaltung von angemessenem Wohnraum. Er sichert das Wohnrecht von Mietern.“ Dieses wurde allerdings nicht weiter konkretisiert.

Während zu einem Staatsziel „Soziale Sicherheit“ das BÜNDNIS 90/DIE GRÜNEN einen Art. 12b beantragte mit dem Recht jeder Bürgerin und jedes Bürgers auf soziale Sicherung, der auch die Sorge für eine Grundsicherung im Alter oder bei Krankheit dem

Argumente pro und kontra weiterer Staatsziele	
Befürworter	***Gegner***
Eine moderne Verfassung muss auch Aussagen über die elementaren Ziele enthalten.	Die Schöpfer des GG haben sich sehr eindeutig für justiziable Grundrechte und ein hartes Verfassungsrecht ausgesprochen.
Sie muss „Ethos“ und „Zweck“ des Staates angeben.	Unverzichtbar ist eine unmittelbar anwendbare und vollziehbare Verfassung.
Die Erfüllung „existenzieller Bedürfnisse“ muss garantiert werden.	Der Verzicht auf programmatische Vorgaben räumt dem Parlament einen weiten politischen Spielraum ein, den es bei Festschreibung staatlicher Leitlinien im GG verliert.
Wenn die Bürger erkennen, dass der Staat ihre Sorgen ernst nimmt, sind sie eher bereit, sich mit der Verfassung zu identifizieren.	Vollmundige Sozialversprechen im GG schaffen weder Wohnraum noch Arbeitsplätze. Die Diskrepanz zwischen Anspruch der Verfassung und der Wirklichkeit führt zu Enttäuschung und Abwendung von dem GG.
Staatsziele – z. B. das Recht auf Arbeit – sind in vielen Landesverfassungen etabliert.	

Staat übertragen sollte, beantragte die SPD folgende kurze Ergänzung nach Art. 20: „Der Staat gewährleistet ein System der sozialen Sicherheit.“

Die ***Gemeinsame Verfassungskommission*** hat die Problematik der sozialen Staatsziele ausführlich diskutiert. Einigkeit herrschte darüber, dass vor Gericht einklagbare soziale Grundrechte in der Verfassung nicht normiert werden sollten, da der Staat damit überfordert wäre und sich solche Rechte nur unter den Bedingungen einer ***zentralen Verwaltungswirtschaft*** und damit „um den Preis der Freiheit“ einführen ließen. Gewarnt wurde auch vor einer Inflationierung von Staatszielbestimmungen: Man entwerte so die wenigen im Grundgesetz vorhandenen Staatszielbestimmungen, wenn man ihnen beliebig weitere hinzufüge, nur weil einzelne Gruppen dieses wünschten. Der Wert von Verfassungsnormen hinge auch von dem Realitätsgehalt ab, den sie im Alltag zu gewinnen vermögen. Zu viele Staatszielbestimmungen werden sich gegenseitig wieder aufheben und ihre jeweiligen Konturen verlieren.

1.2 Politische Institutionen der Bundesrepublik

Der Bundestag

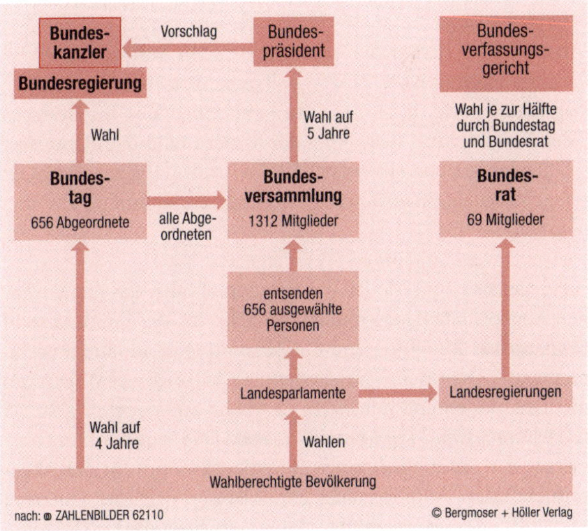

Verfassungsorgane der Bundesrepublik Deutschland

Der Abgeordnete

Laut Art. 38 GG werden die Abgeordneten in „allgemeiner, unmittelbarer, freier, gleicher und geheimer Wahl gewählt".
Das bedeutet im Einzelnen:

- ***allgemein:*** Grundsätzlich jeder Staatsbürger (über 18 Jahre) kann ohne Ansehen seiner Person und seines Vermögens aktiv und passiv an der Wahl teilnehmen.
- ***unmittelbar:*** Die Wahl erfolgt nicht über Zwischeninstanzen (Wahlmänner – wie etwa bei der Präsidentenwahl in den USA).
- ***frei:*** Es gibt keine (offizielle oder inoffizielle) Wahlpflicht.
- ***gleich:*** Jeder Bürger hat nur eine Stimme.
- ***geheim:*** Jeder muss seine Stimme so abgeben können, dass niemand nachprüfen kann, welche Partei er gewählt hat.

Mit der Wahl erhalten die Abgeordneten den Auftrag (das Mandat), die Interessen des ganzen Volkes zu vertreten. Diesen Auftrag erfüllen sie, indem sie die Funktionen des Bundestages (Mehrheitsbildung, Bestellung der Regierung und anderer Verfassungsorgane, parlamentarische Kontrolle der Exekutive, Gesetzgebung, Haushaltsbewilligung, Integrationsfunktion) wahrnehmen.

Im Gegensatz zum Modell der Rätedemokratie, das den einzelnen Abgeordneten zum bloßen „Sprachrohr“ der Wähler macht (***imperatives Mandat***), sind die Abgeordneten in einem parlamentarisch-repräsentativen System „an Aufträge und Weisungen nicht gebunden und nur ihrem Gewissen unterworfen“ (Art. 38 GG). Dieses ***freie Mandat*** steht in einem latenten Spannungsverhältnis zur ***Fraktionsdisziplin*** (Fraktionszwang): Da der Abgeordnete i. d. R. Mitglied einer Partei ist und in dieser Funktion in den Bundestag gewählt worden ist, erwartet die Fraktion von ihm, einheitlich mit den anderen Fraktionsmitgliedern im Sinne der Partei zu stimmen. Verstößt ein Abgeordneter gegen die Fraktionsdisziplin, kann er nicht gezwungen werden, sein Mandat niederzulegen, auch der Wechsel in eine andere Partei/Fraktion innerhalb der Legislaturperiode ist zulässig (z. B. 1982, als die FDP sich zu einer Fortsetzung der Koalition mit der Union entschloss). Der von der Linie seiner Fraktion abweichende Ab-

geordnete muss allerdings damit rechnen, bei der nächsten Wahl nicht wieder aufgestellt zu werden.
Der Bundestag kann beschließen, bei Abstimmungen die Fraktionsdisziplin aufzuheben. (Dies war z. B. der Fall, als es um die Aufhebung der Verjährungsfrist für Kriegsverbrecher ging.)

In der Frühphase des Parlamentarismus wurden für Abgeordnete einige Sonderrechte eingeführt, die sie damals vor spätabsolutistischen Herrschern (z. B. dem Delikt der Majestätsbeleidigung) schützen sollten und die bis heute erhaltengeblieben sind. Diese Schutzrechte für die Abgeordneten sind:

- ***Indemnität:*** Dies verbietet, einen Abgeordneten wegen einer im Parlament getätigten Äußerung gerichtlich oder dienstrechtlich zu bestrafen (Ausnahme: Beleidigungen).
- ***Immunität:*** Begeht ein Abgeordneter eine strafbare Handlung, so darf er während der Zeit, die er Abgeordneter ist, nicht strafrechtlich verfolgt werden. Sie kann nur von dem zuständigen Parlament mit einfacher Mehrheit aufgehoben werden.
- ***Zeugnisverweigerungsrecht:*** Ein Abgeordneter kann nicht durch ein Gericht dazu gezwungen werden, seine Informationsquellen und/oder seine Informationen preiszugeben. Ein „Normalbürger" dagegen kann – zum Erzwingen einer Zeugenaussage – in Beugehaft genommen werden.

Aufgaben des Bundestages

Da Parlamentsdebatten grundsätzlich öffentlich sind und in der Berichterstattung der Medien breiten Raum einnehmen, ist der Bundestag das zentrale Forum der politischen Willensbildung und die Parlamentsdebatten sind dementsprechend Medienereignisse. Die Verfassung gibt dem Bundestag die folgenden Recht und Kompetenzen:

- ***Gesetzgebungsfunktion:*** Der Bundestag ist das wichtigste ***Legislativorgan*** der BRD und zuständig für Beratung und Beschluss von Gesetzen einschließlich der Steuergesetzgebung. Die einzelnen Fraktionen können eigene Gesetzesentwürfe einbringen (***Gesetzesinitiative***) oder Gesetzentwürfe der Regierung oder des Bundesrates abändern.

- ***Kontrolle des Bundeshaushalts:*** Der Bundestag entscheidet über den vom Finanzminister jährlich vorgelegten Entwurf des Bundeshaushalts für das nächste Jahr. Damit entscheidet der Bundestag über Staatseinnahmen und -ausgaben.
- ***Kontrolle der Regierung:*** Die Opposition im Bundestag kontrolliert die Regierung durch Gesetzesinitiativen, kleine und große Anfragen, aktuelle Stunden, Einrichtung von Sonder- und Untersuchungsausschüssen und (grundsätzlich öffentliche) Parlamentsdebatten.
- ***Wahl des Bundeskanzlers:*** Der Bundestag wählt den Bundeskanzler und kann ihn – durch Neuwahl eines Gegenkandidaten (***konstruktives Misstrauensvotum***) – abwählen. Außerdem kann der Bundestag dem Kanzler das Vertrauen entziehen, wenn dieser die Abstimmung über eine Sachfrage mit der sog. ***Vertrauensfrage*** verknüpft.
- ***Bestellung des Wehrbeauftragten:*** Der Bundestag ernennt eine vom Staat unabhängige Person, die zuständig ist für Klagen, Beschwerden und Eingaben über tatsächliche oder vermeintliche Mängel, Ungerechtigkeiten usw. Der Wehrbeauftragte veröffentlicht jährlich einen entsprechenden Bericht.
- ***Untersuchungsausschüsse,*** die der Bundestag auf Antrag von mindestens einem Viertel der Abgeordneten einsetzt, beraten keine Gesetzentwürfe, sondern wollen Tatsachen nachprüfen und Sachverhalte aufklären, die im Zuständigkeitsbereich des Bundestages liegen müssen. Der erste Bundestag setzte noch neun Untersuchungsausschüsse ein, seither ging ihre Zahl deutlich zurück. Meist enden sie ohne einheitliches Ergebnis: Die Auffassung der Opposition steht dem Votum der Regierungsparteien gegenüber. Während der z. Zt. laufenden 17. Wahlperiode des Bundestages gibt es bisher einen Untersuchungsausschuss „zu Vorgängen im Zusammenhang mit dem Irakkrieg und der Bekämpfung des internationalen Terrorismus“.

- ***Petitionsausschuss:*** Der Bundestag bestellt einen Petitionsausschuss, der die nach Art. 177 GG an ihn gerichteten Bitten und Beschwerden untersucht.
- ***Enquete-Kommissionen:*** Sie können vom Bundestag eingerichtet werden, um zur Vorbereitung von Entscheidungen über umfangreiche Sachkomplexe oder zur Klärung fundamentaler Grundsatzfragen ausführlich und unter Zuhilfenahme von Fachleuten Positionen zu erarbeiten und in einem Abschlussbericht dem Bundestag vorzulegen. In der 16. Legislaturperiode gibt es eine Enquete-Kommission zur Untersuchung der „Kultur in Deutschland". Am 20. 4. 2006 veröffentlichte die Enquete-Kommission „Globalisierung der Weltwirtschaft" ihren ebenso ausführlichen wie informativen Abschlussbericht, der über www.bundestag.de heruntergeladen werden kann.
- ***Wahl von Richtern:*** Der Bundestag wählt die Hälfte der Richter des Bundesverfassungsgerichts und wirkt mit bei der Auswahl der Richter der anderen höchsten Gerichte.
- ***Wahl des Bundespräsidenten:*** Die Abgeordneten des Bundestages gehören der ***Bundesversammlung*** an, die den Bundespräsidenten wählt.
- ***Wahlprüfung:*** Der Bundestag entscheidet, ob bei einer Wahl formelle oder sachliche Fehler gemacht worden sind.
- ***Recht zur Selbstauflösung:*** Um den schlechten Erfahrungen der sog. Präsidialdiktatur am Ende der Weimarer Republik zu entgehen und eine gewisse Garantie für politische Kontinuität zu garantieren, hat der BT nicht das Recht, sich selbst aufzulösen und Neuwahlen auszuschreiben. Dieses kann nur der Bundespräsident, und auch nur dann, wenn vorher über die vom Kanzler gestellte Vertrauensfrage negativ entschieden worden ist.

Der Bundestag kann – wie oben bereits erwähnt – lediglich mit Hilfe des konstruktiven Misstrauensvotums einen Regierungswechsel herbeiführen.

Zusammensetzung des Bundestages

Der Bundestag setzt sich aus mindestens 596 Abgeordneten zusammen, von denen 298 in den Wahlkreisen und weitere 298 über die Landeslisten der Parteien gewählt werden.

Ausschüsse

Durch Beschluss des Bundestages werden in jeder Wahlperiode zahlreiche (22 in der 17. Legislaturperiode) „ständige Ausschüsse" eingesetzt. Im Unterschied zu Sonder- und Untersuchungsausschüssen ist die Hauptaufgabe der ständigen Ausschüsse, nach ihren Beratungen ***Beschlussempfehlungen*** an den Bundestag zu formulieren. Sie haben aber kein eigenständiges Recht, Gesetze vorzulegen. Es hat sich im Laufe der Jahre gezeigt, dass der Großteil der Arbeit des Bundestages in den Ausschüssen erledigt wird, auch wenn die Beschlüsse und Gesetzeslesungen hier nur vorbereitet werden. Auf dieser Ebene (und der ministeriellen ↗ S. 39 f.) werden Gesetzesnovellen und sonstige Beschlüsse mit entsprechenden Fachleuten ausführlich erörtert, Fallstricke und Widersprüche entfernt, Einsprüche und Proteste betroffener Interessengruppen gehört und verarbeitet.

Fraktionen

Wird eine Partei in den Bundestag gewählt, dann erhalten ihre Abgeordneten nur dann den Fraktionsstatus, wenn sie mindestens 5 % der abgegebenen Zweitstimmen erlangen konnte. Nach der ersten gesamtdeutschen Wahl 1990 hatte im 12. Bundestag erstmals in der Geschichte der BRD eine Parlamentsgruppe diesen Status nicht: Die PDS war über 3 Direktmandate in den BT eingezogen. Im 17. Deutschen Bundestag (seit Oktober 2009) gibt es fünf Fraktionen: SPD, CDU/CSU, Bündnis 90/Die Grünen, FDP, Linkspartei. Die Fraktionen bestimmen wesentlich die parlamentarische Arbeit. Sie können Gesetzentwürfe und Entschließungen einbringen, die Vertagung eines Beratungspunktes oder einer Sitzung beantragen und die Beschlussfähigkeit des Plenums bezweifeln. Außerdem können Fraktionen die Einset-

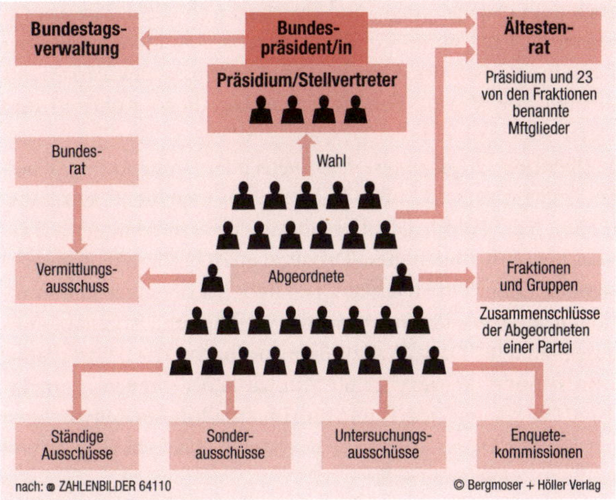

Organe des Bundestages

1

zungen von Enquete-Kommissionen, Untersuchungsausschüssen sowie namentliche Abstimmungen und Aktuelle Stunden verlangen.

Die Plenarsitzungen des Bundestages

Das Bundestagsplenum, d. h. die Gesamtheit der in den Bundestag gewählten Abgeordneten, ist das eigentliche Entscheidungs- und Beschlussorgan. Im Plenum werden die Beschlüsse gefasst, die in den Fraktionen und Ausschüssen vorbereitet wurden. Die Gesetze werden in drei Lesungen verabschiedet (↗ Gesetzgebung des Bundes S. 40–41). Schließlich ist das Bundestagsplenum der Ort der Aussprache in den Debatten.
Die zentrale Funktion des Parlaments ist nicht Rechtssetzung, sondern demokratische Legitimation staatlichen Handelns. Dies bedeutet die Fähigkeit zur Informationsgewinnung, Informationsverarbeitung, Informationsbewertung und Sanktionsfähigkeit. Zu diesen ***Kontrollkompetenzen*** im weiteren Sinne gehört

auch das Gesetzgebungs- und Haushaltsrecht, da das Parlament jedem Gesetzgebungs- und Finanzverwendungsverlangen der Regierung zustimmen muss. Die Ausschüsse des Parlaments dienen überwiegend der Wahrnehmung dieser Kontroll- und Gesetzgebungsrechte.

- ***Debatten:*** ***Regierungserklärungen*** oder ***Große Anfragen*** bieten Anlass zu sog. „Großen Debatten". Da man hier über zentrale Fragen der Politik diskutiert, die direkte Auswirkungen auf die Bürger haben, finden diese Debatten meist besondere Aufmerksamkeit in der Öffentlichkeit. Die Redezeit der einzelnen Fraktionen hängt von deren personeller Stärke ab und ist genauestens ausgehandelt. (Das führt zu dem Kuriosum, dass eine „Parlamentsstunde" keineswegs 60 Min. zu haben braucht – im 14. Bundestag dauert sie z. B. 68 Min.) Innerhalb dieser Zeitvorgaben bestimmen die Fraktionen selbst, wer zu welchem Gegenstand und wie lange reden soll.
- Während einer „Kurzdebatte" dürfen nur ein oder zwei Vertreter je Fraktion und ein Regierungsmitglied sprechen.
- Die ***Aktuelle Stunde*** gibt dem Parlament die Möglichkeit, zu aktuellen Fragen rasch Stellung zu nehmen. Sie dauert generell nur eine Stunde und die einzelnen Beiträge sind auf 5 Minuten Redezeit begrenzt.
- Darüber hinaus kann aber jedes Mitglied des Bundestages Einzelfragen zur Beantwortung an die Bundesregierung richten. Die Fragen müssen kurz gefasst sein und bis Freitag 10.00 Uhr vor der Sitzungswoche, in der sie beantwortet werden sollen, beim Bundestagspräsidenten eingereicht werden.

Das Gesetzgebungsverfahren

Unter einem Gesetz versteht man im rechtlichen Sinne die von einem Organ des Gemeinwesens gesetzten Regeln, die rechtsverbindlich und zukunftsgerichtet das Zusammenleben ordnen. In der deutschen Rechtsgeschichte unterscheidet man zwischen dem Gesetz im formellen Sinn und dem Gesetz im materiellen Sinn.

▪ ***Gesetze im formellen Sinn:*** alle vom Parlament im Gesetzgebungsverfahren in Form eines Gesetzes getroffenen Entscheidungen. Das Gesetz, das den Bundeshaushalt festsetzt, zählt zu den bloß formellen, ebenso wie Gesetze zur Zustimmung von Staatsverträgen, weil sie nur die Staatsorgane binden, nicht aber allgemeingültiges Recht schaffen, auf das sich der Bürger berufen könnte.

▪ ***Gesetze im materiellen Sinn:*** alle Rechtsnormen, die Rechtsbeziehungen zwischen den Bürgern, zwischen Bürgern und den Hoheitsträgern und zwischen den Hoheitsträgern selbst regeln. Sie beinhalten neben dem formellen Recht auch alle Rechtsverordnungen und das Gewohnheitsrecht. Gesetze im materiellen Sinn sind also alle Rechtsnormen im öffentlichen und privaten Leben, z. B. die meisten Bestimmungen des Grundgesetzes und der Länderverfassungen, aber auch Rechtsverordnungen (z. B. die Schulordnung oder eine Bauverordnung) und Satzungen (z. B. die Satzung einer Universität). Die meisten formellen Gesetze sind zugleich materielle.

Gesetzesinitiative

Die Bundesregierung, der Bundesrat, mindestens 5 % der Mitglieder des Bundestages (derzeit 30 Abgeordnete) oder eine Fraktion haben das Recht, Gesetze zur Beratung im Bundestag einzubringen. Mehr als zwei Drittel der Gesetzentwürfe werden von der Bundesregierung eingebracht. Der typische Fall einer Regierungsvorlage wird im Folgenden durch die verschiedenen Stationen hindurch verfolgt.

▪ ***Referentenentwurf:*** Fachreferate der einzelnen Ministerien (also Exekutivorgane) beginnen mit der Arbeit in den entsprechenden Gebieten, um Änderungen, Neufassungen oder völlig neue Regelungen vorzubereiten. Anregungen kommen – neben offiziellen Regierungs- und Parteiprogrammen oder Koalitionsvereinbarungen insbes. nach Wahlen – einerseits aus der Bundesverwaltung und den einzelnen Ländern (die nach Art. 83 GG für den Vollzug der Bundesgesetze zuständig sind), andererseits aus der höchstrichterlichen Rechtsprechung. Ferner gehen wesentliche Impulse zur Änderung von Gesetzen von Verbänden und Interessengruppen und nicht zuletzt von den Massenmedien aus. Der fertige Entwurf eines Ministeriums wird dem Bundesjustizministerium vorgelegt, das die Vereinbarkeit des Entwurfs mit dem geltenden Recht prüft. Schließlich legt der federführende Minister den Entwurf dem Kabinett zur Beschlussfassung vor. Der vom Kabinett beschlossene Text wird dann vom Bundeskanzler dem Bundesrat zugeleitet.

- ***Beteiligung des Bundesrates:*** Noch bevor der Entwurf dem Bundestag zugeleitet wird, bekommt der BR die Möglichkeit, Stellung zu nehmen. Dieses Verfahren hat sich bewährt, weil der BR nach der Verabschiedung des Gesetzes durch den Bundestag erhebliche Mitspracherechte besitzt.
- ***Vorlage im Bundestag:*** Danach legt die Bundesregierung ihren Gesetzentwurf mit Begründung, die Stellungnahme des Bundesrates und eine Gegenäußerung der Bundesregierung zur Stellungnahme des Bundesrates vor. Bis zu diesem Zeitpunkt sind also schon eine Reihe von Gesichtspunkten deutlich, die zwischen Bund und Ländern streitig werden könnten.
- ***Mitarbeit der Fraktionen:*** Nach der Verteilung der Gesetzesvorlage im Bundestag erörtern die Fraktionen (in nichtöffentlichen Sitzungen) ihre Haltung zum Entwurf.
- ***Erste Lesung:*** Die Gesetzentwürfe werden in drei Beratungen behandelt. In der ersten Beratung findet meistens keine Aussprache statt. Am Ende der ersten Lesung wird der Gesetzentwurf einem oder mehreren Ausschüssen überwiesen.
- ***Die Ausschussberatung:*** Zu allen (meist nichtöffentlichen) Sitzungen der Bundestagsausschüsse haben die Mitglieder und die Beauftragten der Bundesregierung und des Bundesrates Zutritt. Während der Ausschussberatungen werden die einzelnen Abschnitte und Paragraphen der Gesetzesvorlage einzeln aufgerufen und besprochen. In der Regel erfahren die Entwürfe in den Ausschüssen erhebliche Veränderungen. Wenn sich die Gesetzentwürfe nicht in einer Beratung im Ausschuss erledigen lassen,

kommt es zu einer ***öffentlichen Anhörung*** von Sachverständigen und Interessenvertretern. Dieses Verfahren ist heute bei fast allen Entwürfen von einiger Bedeutung üblich geworden. Es ist schon vorgekommen, dass Gesetzentwürfe zurückgezogen wurden, weil in der öffentlichen Anhörung die meisten Sachverständigen sich gegen die Vorlage aussprachen. Abschließend spricht der Ausschuss eine ***Beschlussempfehlung*** aus, die eine Zusammenstellung der Änderungen des Entwurfs und die Erläuterung der Ausschussempfehlung mit den von Mehrheit und Opposition vorgebrachten Argumenten enthält.

- ***Die zweite und dritte Lesung:*** Die zweite Beratung dient der allgemeinen Aussprache und der Einzelberatung, in der alle Bestimmungen aufgerufen und zur Abstimmung gestellt werden, ein oft langwieriges Verfahren. Wird ein Gesetzentwurf in zweiter Lesung unverändert angenommen, so wird die dritte Lesung unmittelbar daran angeschlossen. Nach Schluss der dritten Beratung wird über den Gesetzentwurf abgestimmt. In der Regel genügt die einfache Mehrheit der anwesenden Abgeordneten.

Das Gesetzgebungsverfahren im Bundesrat

Wie stark der Bundesrat Einfluss auf das Gesetzgebungsverfahren ausüben kann, hängt davon ab, ob es sich um ***einfache Gesetze*** oder ***Zustimmungsgesetze*** handelt. Brisant ist die Situation immer dann, wenn im Bundesrat im Vergleich zum Bundestag eine andere politische Konstellation besteht, d. h., die Oppositionspartei oder -koalition die Mehrheit innehat.

Der Bundesrat hat bei einfachen Gesetzen das Recht, Einspruch einzulegen. Dazu muss er den Vermittlungsausschuss einschalten. Diesen Einspruch kann der Bundestag zurückweisen. Ist der Einspruch des Bundesrates mit Zweidrittelmehrheit beschlossen worden, benötigt die Zurückweisung ebenfalls eine Zweidrittelmehrheit. Das Gesetz kann dann gegen den Willen des Bundesrates in Kraft treten. Das bedeutet konkret, dass die Oppositionspartei oder -koalition dann, wenn sie eine Zweidrittelmehrheit im Bundesrat haben sollte, die Arbeit des Bundestages vollkom-

men lahmlegen könnte, da die Regierungskoalition (außer zu Zeiten großer Koalitionen) niemals eine Zweidrittelmehrheit im Bundestag hat.
Bei Zustimmungsgesetzen kann der Bundesrat das Gesetz verhindern. Verweigert er seine Zustimmung, so ist es gescheitert. Durch die Föderalismusreform (↗ S. 20) soll die Menge der Zustimmungsgesetze drastisch reduziert werden, um eine größere Effektivität und Schnelligkeit der parlamentarischen Arbeit zu erreichen. Können sich Bundesrat und Bundestag nicht einigen, ob eine Gesetzesnovelle als einfaches oder Zustimmungsgesetz zu betrachten ist, entscheidet das Verfassungsgericht.

- ***Das Vermittlungsverfahren:*** Der ***Vermittlungsausschuss*** setzt sich aus 16 Abgeordneten des Bundestages und 16 Mitgliedern des Bundesrates zusammen. Die Sitzungen sind streng vertraulich. Der Vermittlungsausschuss wird dann zum wichtigen politischen Organ, wenn im Bundestag eine andere politische Mehrheit herrscht als im Bundesrat. Zweck des Vermittlungsverfahrens ist es, einen für Bundestag und Bundesrat akzeptablen Kompromiss zu finden.
- ***Ausfertigung/Verkündung eines Gesetzes:*** Das Gesetz wird vom zuständigen Minister und dem Bundeskanzler unterzeichnet, anschließend dem Bundespräsidenten zur Unterschrift vorgelegt und im ***Bundesgesetzblatt*** veröffentlicht. In der Regel tritt es mit dem Datum dieser Veröffentlichung in Kraft.

Rechte und Aufgaben der Opposition

Das Grundgesetz unterwirft das gesamte staatliche Handeln der parlamentarischen Kontrolle. Die Kontrollfunktion hat sich jedoch innerhalb des Parlamentes auf die Opposition verlagert. Zwei Gründe sind hierfür maßgeblich:

- der Wandel des Staates vom sog. ***liberalen Nachtwächterstaat*** zum modernen ***Sozial- und Verwaltungsstaat*** und der sich daraus ergebende Machtzuwachs der Regierung
- sowie die Interessenidentität von Regierung und Mehrheitsfraktion(en) im parlamentarischen System.

Übersicht über die Aufgaben und Rechte der Opposition

1. Konstruktives Misstrauensvotum (Art. 67 GG) und Verweigerung des Vertrauens aufgrund von Art. 68 GG
2. Garantien des freien Mandats (Art. 38 GG)
   - Rederecht (Art. 46 1 GG)
   - Recht zum Fraktionswechsel
   - Indemnität (Art. 46 1 GG) und Immunität (Art. 46 II GG)
3. Öffentlichkeit der Verhandlungen des Bundestages (Art. 42 1)
   - Große Anfragen, kleine Anfragen, mündliche Anfragen in der Fragestunde (Geschäftsordnung des Bundestages = GO-BT) - Recht auf Beanstandung einer Auskunft der Bundesregierung (GO-BT)
   - Zwischenfragen (GO-BT)
   - Hearing (GO-BT)
4. Budget
   - Haushalts- und Finanzkontrolle (Art. 110 und 114 GG)
5. Parlamentarische Mitwirkung bei der Gesetzgebung (Art. 76 GG, Art. 43, Art. 45a GG)
   - Vorlagen, Anträge, Entschließungsanträge, Auskunftserteilung durch die Regierung über Durchführung von Parlamentsbeschlüssen (GO-BT)
6. Enquete-Kommission zur Vorbereitung von Entscheidungen über umfangreiche und wichtige Sachkomplexe (GO-BT)
7. Petitionswesen (Art. 17 und Art. 45c GG)
8. Wehrbeauftragter (Art. 45b GG)
9. Untersuchungsausschüsse (Art. 44 GG)
10. Klagen beim Bundesverfassungsgericht
    - Anklage des Bundespräsidenten (Art. 61 GG)
    - Organstreit (Art. 93 1, Ziff. 1 GG)
    - Abstrakte Normenkontrolle (Art. 93 1, Ziff. 2)

Die Aufgaben der Regierung haben seit Mitte des 19. Jh.s eine beträchtliche Ausweitung erfahren. Der moderne Verwaltungsstaat greift im Rahmen seiner Finanz-, Wirtschafts-, Sozial- und Konjunkturpolitik steuernd ein. Zudem kommt der Regierung in hohem Maß die Zukunftsplanung zu, was den Regierungsapparat weiter vergrößert. Eine zusätzliche Ausdehnung staatlicher Aufgaben hängt mit der weltweiten ***Globalisierung*** und

Internationalisierung von Wirtschaft und Politik zusammen (↗ S. 189 ff.). Diese Ausweitung des Aufgabenbereiches hat zu einer beträchtlichen Vergrößerung des Regierungsapparates geführt. Die dem Parlament zur Verfügung stehenden Mittel an Personal und Material sind dagegen nur geringfügig ausgeweitet worden. Eine Art Gegenbürokratie des Parlaments gibt es nicht. Der Informationsvorsprung angesichts vielschichtiger und komplizierter Sachverhalte führt dazu, dass die Regierung unter Hinweis auf Sachzwänge Initiativen des Parlamentes oder einzelner Abgeordneter bremsen oder ganz verhindern kann.

Hinzu kommt, dass im parlamentarischen Regierungssystem der BRD, in dem die parlamentarische Mehrheit aus sich heraus die Regierung bildet, eine weitestgehende Interessenidentität zwischen dieser Mehrheit und der Regierung besteht. Sie ist die wichtigste Voraussetzung zum Funktionieren dieses Regierungssystems.

Scharfe Konflikte, die mit rhetorischem Aufwand ausgetragen werden, können nicht darüber hinwegtäuschen, dass das Oppositionsverhalten in der Bundesrepublik Deutschland die Bezeichnung „kooperativer Parlamentarismus“ verdient. Vor allem in Krisen kommt es zur engen Kooperation mit der Opposition – z. B. in einem förmlichen Krisenstab.

Insbesondere in Fragen des ***Haushaltsrechts*** gerät die Opposition ins Hintertreffen gegenüber der Regierungsübermacht. Die verfügbare Manövriermasse des Haushalts ist angesichts der Staatsverschuldung sehr gering, Haushaltsvollzug und parlamentarische Finanzkontrolle werden immer schwieriger. In der Bundesrepublik liegt der Anteil der Haushaltsberatungen an der gesamten Sitzungszeit im Jahresdurchschnitt weit unter der anderer parlamentarischer Demokratien wie Großbritannien oder Italien. Die Flucht in die ***Generaldebatte*** erscheint für die Opposition häufig der einzige bleibende Weg.

Diese relative Ohnmacht der Opposition wird in Zeiten einer großen Koalition noch deutlicher: Kleine Oppositionsparteien haben es schwer, wirtschaftspolitisch gehört zu werden.

1

Die Bundesregierung

Die Bundesregierung besteht aus dem Bundeskanzler (bzw. z. Zt. der Bundeskanzlerin) und den Bundesministern. Ihre Tätigkeit ist keineswegs auf die bloße Ausführung von Gesetzen beschränkt, im Gegenteil: Regieren bedeutet in hohem Maße freies Gestalten im Rahmen des Amtseides (Art. 64 Abs. 2 GG).

Wahl des Kanzlers und Ernennung der Minister

Der Bundeskanzler wird vom Bundestag gewählt und vom Bundespräsidenten ernannt. In dieser Art verliefen bisher alle Kanzlerwahlen in der Geschichte der Bundesrepublik, vom ***konstruktiven Misstrauensvotum*** des Jahres 1982 abgesehen.

Die Minister werden nicht gewählt, sondern auf Vorschlag des Bundeskanzlers vom Bundespräsidenten ernannt und entlassen (Art. 64 Abs. 1 GG).
Grundlage der Entscheidung des Bundeskanzlers sind fraktionsinterne Regelungen und Koalitionsabsprachen mit dem oder den jeweiligen Koalitionspartner(n).

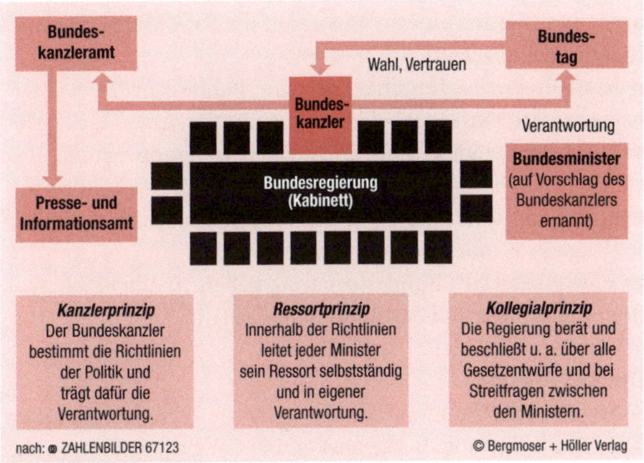

Die Bundesregierung

Die Stellung der Kabinettsmitglieder und Staatsminister

Der Kanzler bildet die Spitze der Exekutive. Er, die Minister und Staatsminister sind keine Beamten, sondern stehen zum Bund in einem öffentlich-rechtlichen Amtsverhältnis, das durch das Gesetz über die Rechtsverhältnisse der Mitglieder der Bundesregierung geregelt ist. Die Staatsminister (bis 1998: Parlamentarische Staatssekretäre) vertreten „ihren" Minister im Bundestag und der Öffentlichkeit. Mit ihm scheiden sie aus dem Amt. Von ihnen zu unterscheiden sind die beamteten Staatssekretäre, die Beamte mit allen spezifischen Rechten und Pflichten sind.

Aufgaben, Rechte und Pflichten der Regierung

Der Kanzler hat das Recht und die Pflicht, ein Kabinett zu bilden. Von den Koalitionsabsprachen und fraktionsinternen Beschlüssen abgesehen hat er dabei weitgehend freie Hand, welche Geschäftsbereiche (Ressorts) er schafft und welche Personen er an ihre Spitze stellt.

- *Das Kanzlerprinzip:* „Der Bundeskanzler bestimmt die Richtlinien der Politik" (Art. 65 GG). Diese sog. Richtlinienkompetenz bedeutet, dass der Kanzler das Recht und die Pflicht hat, notfalls gegen einen Minister auf die Durchführung seiner Richtlinien zu achten.
- *Ressortprinzip:* Innerhalb der vom Bundeskanzler vorgegebenen Richtlinien leitet jeder Bundesminister seinen Geschäftsbereich selbstständig und unter eigener Verantwortung. Die Minister regeln die Einrichtung der ihnen unterstellten Behörden und überwachen die Bundesauftragsverwaltung sowie den Vollzug der Bundesgesetze durch die Länder.

Die Mitglieder der Bundesregierung haben zu allen Sitzungen des Bundestages und des Bundesrates Zutritt.

Der Bundesrat

Auch wenn der Bundesrat häufig als zweite Parlamentskammer oder Länderkammer bezeichnet wird, ist er kein Parlament und ein Bundesratsmitglied kein Abgeordneter. BR-Mitglieder werden weder vom Volk gewählt, noch trifft Art. 38 GG auf sie zu, sondern sie sind von ihren Landesregierungen bestellt und nach Belieben abrufbar, ihnen kommt weder die Indemnität noch die Immunität zugute. Sie sind zudem weisungsgebunden. Sie erhalten weder Diäten, noch stehen sie zum Bund in einem öffentlichen Amtsverhältnis. Die Stimmen eines Landes können nur einheitlich und allein durch anwesende Mitglieder oder deren Vertreter abgegeben werden.

Art. 50 GG bestimmt die Aufgaben des Bundesrates: „Durch den Bundesrat wirken die Länder bei der Gesetzgebung und Verwaltung des Bundes und in Angelegenheiten der Europäischen Union mit." Daneben ist er zuständig für den Vollzug der Bundesgesetze durch die Länder. Der Präsident des Bundesrates übernimmt die Befugnisse des Bundespräsidenten, wenn dieser verhindert ist.

Der Bundesrat wurde aus föderalistischen Überlegungen heraus geschaffen, um sicherzustellen, dass die Interessen der Länder auf Bundesebene hinlänglich berücksichtigt werden. Im Grundgesetz fehlt aber jeder Hinweis darauf, dass der Bundesrat ausschließlich Länderbelange berücksichtigen dürfe. Daher verfehlt die Argumentation ihren Zweck, die Landesregierungen dürften sich nicht an bundesparteipolitischen Leitlinien orientieren, sondern müssten ohne Blick auf die Positionen ihrer eigenen (Bundes-)Partei die Belange ihres jeweiligen Landes im Auge haben. Opposition hat dann eine Daseinsberechtigung, wenn man unterstellen darf, dass sie in der Regel ihr Ja nur verweigert, wenn sie von der Richtigkeit eines Entwurfes nicht überzeugt ist. Man kann von den Repräsentanten einer Partei, die im Bundestag mit Nein gestimmt hat, schwerlich erwarten, dass sie den gleichen Entwurf im Bundesrat gutheißen.

Der Bundesrat wählt seinen Präsidenten auf ein Jahr. Dieser beruft den Bundesrat ein, wenn die Vertreter von mindestens zwei Ländern oder die Bundesregierung dies verlangen. Er fasst seine Beschlüsse mit mindestens der Mehrheit seiner Stimmen. Der BR bildet ständige Ausschüsse. Die ***Europakammer*** (gebildet

1992 nach der Neufassung des Art. 23 GG) ist in Eilfällen oder bei zu wahrender Vertraulichkeit zuständig für die Wahrnehmung der Mitwirkungsrechte des BR in Angelegenheiten der Europäischen Union.

Der Bundespräsident

Der Bundespräsident wird – im Gegensatz zum Reichspräsidenten der Weimarer Republik – nicht direkt vom Volk gewählt und hat kaum echte politische Kompetenzen, sondern im Wesentlichen repräsentative Aufgaben.
Er wird von der ***Bundesversammlung*** für 5 Jahre gewählt (Mindestalter ist 40 Jahre, einmalige Wiederwahl ist möglich). Die Bundesversammlung (Art. 54 Abs. 3 GG) besteht aus den Mitgliedern des Bundestages und einer gleichen Anzahl von Mitgliedern, die von den Landtagen gewählt werden.
Der Bundespräsident darf weder der Regierung noch einer gesetzgebenden Körperschaft des Bundes oder eines Landes angehören und kein anderes Amt, kein Gewerbe und keinen Beruf ausüben. Ferner ist es üblich, dass er eine Parteimitgliedschaft während seiner Amtszeit ruhen lässt.
Der Bundespräsident ist in erster Linie der oberste Repräsentant des Staates und soll vor allem als integrierende Kraft gegen die Zentrifugalkraft der Tagespolitik wirken.
Die von der Verfassung festgelegten Aufgaben des Bundespräsidenten sind:

- Im Gesetzgebungsverfahren ist er verpflichtet, den verabschiedeten Text nach Gegenzeichnung auszufertigen.
- Er ernennt den Bundeskanzler, die Bundesminister und die Bundesrichter.
- Er wirkt mit bei der Auflösung des Bundestages.
- Er schließt im Namen des Bundes die Verträge mit auswärtigen Staaten, beglaubigt und empfängt die Botschafter.
- Für den Bund steht ihm das ***individuelle Begnadigungsrecht*** zu (vgl. die verweigerte Begnadigung des RAF-Mitgliedes Christian Klar im Sommer 2006).

Umstritten ist, inwieweit die Kompetenz des Bundespräsidenten auf die eines „Bundesnotars" begrenzt ist. Ist es seine Pflicht, Gesetze, die ihm vorgelegt werden, auszufertigen oder vorgeschlagene Beamte zu ernennen? Soweit seine Kompetenzen im GG festgelegt sind, kommt es auf den Wortlaut an: Heißt es, wie in Art. 68 GG, der Bundespräsident „kann", so folgt daraus ein eigenständiges Beurteilungs- und Entscheidungsrecht. Anders verhält es sich, wenn er nur am Vollzug der Entscheidung anderer mitzuwirken hat. In solchen Fällen hat er die rein repräsentative Vollzugspflicht und sollte z. B. Gesetze selbst dann ausfertigen, wenn er an der Verfassungskonformität zweifelt. Bundespräsident Köhler hat 2006 zweimal die Unterschrift verweigert.

Dagegen ist das Recht des Bundespräsidenten, nach einer abgelehnten Vertrauensfrage den Bundestag innerhalb von 21 Tagen aufzulösen, eine seiner sehr wenigen echten politischen Kompetenzen. Als im Sommer 2005 der bis dahin regierende Bundeskanzler Schröder durch eine gewollt verlorene Vertrauensfrage von Bundespräsident Köhler verlangte, den Bundestag aufzulösen und vorzeitige Neuwahlen anzusetzen (nach GG der einzige Weg zur vorzeitigen Auflösung des Bundestages), musste der Bundespräsident entscheiden, ob er den Bundestag auflöst oder nicht. In dieser Ausnahmesituation hat die gesamte Nation 21 Tage lang gespannt gewartet, bis der Bundespräsident die Entscheidung zur Auflösung traf und Neuwahlen ausschrieb. Im Herbst 1982 gab es schon einmal eine ähnliche Situation nach einem gelungenen Misstrauensvotum gegen den bisherigen Bundeskanzler Schmidt und eine anschließend ebenfalls gewollt verlorene Vertrauensfrage durch seinen Amtnachfolger Kohl. Auch hier entschied sich der damalige Bundespräsident Carstens für Neuwahlen.

Im Mai 2010 trat der damalige Bundespräsident Horst Köhler zurück. Es war der erste Rücktritt eines deutschen Staatsoberhauptes seit Abdankung Kaiser Wilhelms II! Als Grund gab Köhler mangelnden Respekt vor seinem Amt an, eine Ansicht, die in der Öffentlichkeit auf Unverständnis stieß.

1.3 Das Rechtssystem

Unabhängigkeit der Justiz

Während die Trennlinie der Gewaltenteilung zwischen Legislative und Exekutive sich im Laufe der Zeit verschoben hat und heute nicht mehr zwischen Parlament und Regierung verläuft, sondern zwischen Parlamentsmehrheit und Regierung einerseits und Opposition andererseits, ist die ***Judikative*** (Jurisdiktion, richterliche Gewalt) insbesondere durch zwei Bestimmungen von den anderen Gewalten deutlich getrennt und unabhängig:

- Alle Richter sind keine Beamten, also Angehörige der Exekutive, auch wenn sie beamtenähnliche Rechte wie Unkündbarkeit und Pensionsanspruch haben. Sie sind daher nur in einem sehr geringen Maße der beamtenrechtlichen Dienstaufsicht unterworfen und in ihren Urteilsentscheidungen völlig ***weisungsunabhängig***.
- Das Bundesverfassungsgericht hat weitreichende Kompetenzen gegenüber ***Legislative*** und ***Exekutive***.

Die Aufgabe der Gerichte ist der Schutz des bedrohten, bestrittenen oder verletzten Rechts sowohl gegenüber der öffentlichen Gewalt als auch im Verhältnis zwischen den Bürgern. Für die Wahrnehmung der richterlichen Aufgaben stellt das Grundgesetz grundlegende Anforderungen auf, die als Ausprägung des Rechtsstaatsprinzips die Verwirklichung des Rechts sichern sollen. Zum Wesen richterlicher Tätigkeit gehört es, dass sie vom Richter als einem unbeteiligten, neutralen Dritten in sachlicher und persönlicher Unabhängigkeit und in alleiniger Bindung an Gesetz und Recht ausgeübt wird. Auch das Gebot, dass niemand „seinem gesetzlichen Richter entzogen“ (Art. 101 Abs. 1 GG) werden darf, soll Eingriffe Unbefugter in die Rechtspflege verhindern und das Vertrauen der Rechtsuchenden in die Unparteilichkeit und Sachlichkeit der Gerichte schützen. Dies bedeutet, dass schon vor Ausführen einer Straftat oder Beginn einer Rechtsstreitigkeit aufgrund der Regelung von Zuständigkeiten und Gerichtsbezirken feststeht, welches Gericht zuständig ist.

Oberste Gerichtshöfe des Bundes/Revisionsinstanz					
Bundesgerichtshof					
Strafsenat	Zivilsenat	Bundesverwaltungsgericht	Bundesfinanzhof	Bundesarbeitsgericht	Bundessozialgericht
Gerichte der Länder/Obere Landesgerichte					
Oberlandesgericht					
Strafsenat Staatsschutzsachen	Zivilsenat	Oberverwaltungsgericht	Finanzgericht	Landesarbeitsgericht	Landessozialgericht
Strafsenat	Landwirtschaftssenat				
Landesgericht					
Schwurgericht					
Große Strafkammer	Zivilkammer	Verwaltungsgericht		Arbeitsgericht	Sozialgericht
Kleine Strafkammer	Kammer für Handelssachen				
Amtsgericht					
Schöffengericht	Jugendschöffengericht				
Einzelrichter	Jugendrichter				
Richter	Landwirtschaftsgericht				

Gerichtszweige, Gerichtsaufbau und Instanzen

In dem Anspruch der Verfahrensbeteiligten auf Gehör vor Gericht kommt zum Ausdruck, dass der Rechtsuchende nicht bloßes Objekt der richterlichen Rechtsfindung sein soll, sondern dass er vor einer Entscheidung zu Worte kommt, um Einfluss auf das Verfahren und sein Ergebnis nehmen zu können.

Ordentliche Gerichtsbarkeit

Auf der Grundlage gemeinsamer rechtsstaatlicher Organisations- und Verfahrensprinzipien gliedert sich die Rechtsprechung in verschiedene Gerichtszweige. Das Grundgesetz nennt insbesondere die Gebiete der ordentlichen Gerichtsbarkeit, der Verwaltungs-, der Finanz-, der Arbeits- und der Sozialgerichtsbarkeit. Die Übersicht (↗ S. 51) zeigt das bundesdeutsche Rechtssystem.
Der Ablauf eines Prozesses unterliegt genauen Regeln. Sie sind alle gesetzlich festgelegt und vornehmlich in den einzelnen Prozessordnungen und -gesetzen zu finden. Dabei unterliegen die einzelnen Gerichtsverfahren je nach Zugehörigkeit zu einem der Rechtsgebiete besonderen Vorschriften.

Der Zivilprozess

Im Zivilprozess werden alle privatrechtlichen Streitigkeiten behandelt. Seinen Ablauf regelt die ***Zivilprozessordnung*** (ZPO). Zivilprozesse beginnen damit, dass der Kläger beim zuständigen Amts- oder Landgericht Klage erhebt. Die nächste Etappe ist die mündliche Verhandlung, in der die Parteien (Kläger und Beklagter) alle Argumente vortragen, die ihnen bis dahin zur Verfügung stehen.
Tragen Kläger und Beklagter in wesentlichen Punkten unterschiedliche Tatsachenbehauptungen vor, so haben sie in einer Beweisaufnahme ihr Vorbringen zu beweisen, soweit das Gericht dies für erforderlich hält. Nach der mündlichen Verhandlung ergeht dann, wenn die Parteien sich nicht auf einen Kompromiss einigen, das Urteil , das aber eben nicht aus einer Strafe, sondern einer Entscheidung besteht.

Der Strafprozess

Aufgabe des Strafprozesses ist es, in einem geordneten, nach überschaubaren Regeln geführten Verfahren die Schuld oder Nichtschuld des Angeklagten festzustellen und aufgrund dessen ein gerechtes Urteil zu ermöglichen. Da ein Strafverfahren für den Betroffenen einen einschneidenden Eingriff darstellt, muss sichergestellt werden, dass der Beschuldigte durch das Verfahren nicht mehr als nach den Umständen unvermeidbar in seinen Belangen beeinträchtigt wird. Strenge Vorschriften in der Strafprozessordnung und im Gerichtsverfassungsgesetz regeln deshalb den Verfahrensablauf.

Man unterscheidet drei aufeinander folgende Abschnitte des Strafprozesses: das ***Vorverfahren***, das ***Zwischenverfahren*** und das ***Hauptverfahren***.

Das ***Vorverfahren***, auch Ermittlungsverfahren genannt, steht unter der Herrschaft der Staatsanwaltschaft. Diese hat, wenn sie durch eine Strafanzeige oder auf anderem Wege von dem Verdacht einer Straftat erfährt, den Sachverhalt aufzuklären. Sie schließt das Vorverfahren mit der Einstellung des Verfahrens oder der Anklageerhebung ab. Mit der Anklageerhebung beginnt das Zwischenverfahren. In diesem Stadium entscheidet das Gericht darüber, ob das ***Hauptverfahren*** zu eröffnen ist. Diese ist der Schwerpunkt des Strafverfahrens. Welches Gericht für diese Verhandlung sachlich zuständig ist, hängt von der Art des Tatvorwurfs ab. Je nach Bedeutung des Falles entscheidet entweder der Richter am Amtsgericht als Einzelrichter (Strafrichter) oder das Schöffengericht oder die große Strafkammer des Landgerichts mit drei Berufsrichtern und zwei Schöffen. Bei bestimmten Delikten (z. B. schweren Staatsschutzdelikten) ist das Oberlandesgericht erste Instanz.

Das Gericht entscheidet nach seiner freien, aus der Verhandlung geschöpften Überzeugung. Kann das Gericht die Überzeugung von der Schuld des Angeklagten nicht gewinnen, so darf es ihn nicht verurteilen („Im Zweifel für den Angeklagten"). Die Hauptverhandlung schließt mit der Verkündung des Urteils.

I. Senat „Grundrechtssenat" 8 Richter		II. Senat „Staatsrechtssenat" 8 Richter
einmalige Amtszeit von 12 Jahren vorherige berufliche Erfahrung vorwiegend in Justiz und Verwaltung		
Zuständigkeiten:	***Art des Verfahrens:***	***Antragsberechtigte:***
Es kontrolliert den Gesetzgeber:	konkrete Normenkontrolle, abstrakte Normenkontrolle, Verfassungsbeschwerde: kommunale Verfassungsbeschwerde (soweit nicht Landesverfassungsgericht)	jedes Gericht Bundesregierung, Landesregierung, 1/3 der Mitglieder des Bundestags jedermann Gemeinden und Gemeindeverbände
Es kontrolliert Behörden und Gerichte:	Verfassungsbeschwerde	jedermann
Es entscheidet Verfassungsstreitigkeiten zwischen staatlichen Organen:	Organstreitigkeiten Bund-Länder-Streit Verfassungsstreitigkeiten innerhalb eines Landes	Bundestag, Bundesrat, Bundesregierung, Bundespräsident, Bundestagsfraktionen, einzelne Abgeordnete Bundesregierung, Landesregierung, Landesorgane
Es entscheidet ferner über:	Beschwerden im Wahlprüfungsverfahren des Bundestags Parteiverbote Verwirkung von Grundrechten Anklagen gegen den Bundespräsidenten und gegen Richter	u. a. der betroffene Abgeordnete (vgl. § 48 BVerfGG) Bundestag, Bundesrat, Bundesregierung (u. U. Landesregierung) Bundestag, Bundesregierung, Landesregierung, Bundestag, Bundesrat Bundestag (Landtag)
↑ Bundesverfassungsgericht kontrolliert Behörden und Gerichte durch Verfassungsbeschwerden ↓	↑ beantragen konkrete Normenkontrolle	↑ beantragen kommunale Verfassungsbeschwerde
Behörden	**Gerichte**	**Gemeinden**

Aufbau und Aufgaben des Bundesverfassungsgerichts

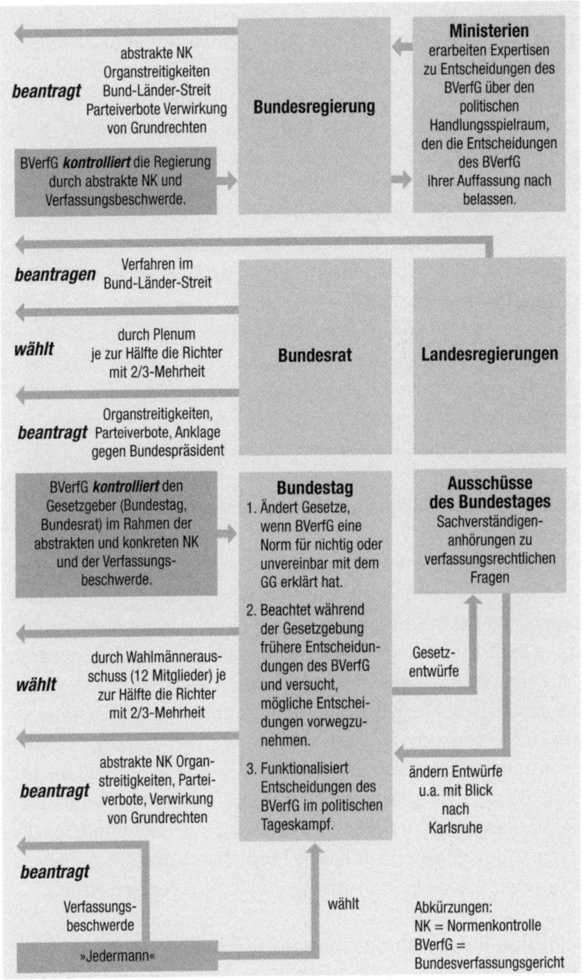

Das Bundesverfassungsgericht im politischen System der Bundesrepublik

Berufung und Revision

Ist in einem Zivilprozess eine der Parteien mit dem Prozessergebnis unzufrieden oder sind es gar beide, bzw. sind in einem Strafprozess Angeklagter und/oder Staatsanwalt mit dem Urteil nicht einverstanden, so besteht die Möglichkeit, bei der nächsten Instanz Berufung einzulegen. Der Berufungsprozess läuft ähnlich ab wie das Verfahren in der ersten Instanz. Das Berufungsgericht überprüft den gesamten Sachverhalt noch einmal genau und umfassend. Wenn es sein Urteil verkündet hat, gibt es keine weitere Möglichkeit der Berufung mehr. In bestimmten Fällen kann allerdings noch eine dritte und letzte Instanz, die Revisionsinstanz angerufen werden. Diese prüft aber nur noch, ob das Berufungsgericht Gesetze nicht oder falsch angewendet oder Verfahrensvorschriften verletzt hat. Wenn es derartige Verletzungen feststellt, verweist es das Verfahren in der Regel zur endgültigen Entscheidung an das Vorgericht zurück.

Stellung und Aufgaben des Bundesverfassungsgerichts

In dem Bestreben, den sozialen Rechtsstaat für den Bürger zu einer Realität zu machen und den Staat daran zu hindern, die Prinzipien des Rechtsstaates zu verletzen, hat der Verfassungsgeber nicht nur eine weitgehende richterliche Kontrolle der Akte der Exekutive ermöglicht, sondern auch einen eigenen Gerichtshof geschaffen. Dessen wesentliche Aufgabe ist es, Verstöße gegen die Verfassung zu unterbinden und die Verfassung durch verbindliche Interpretation festzulegen und fortzubilden. Das Parlament ist als Gesetzgeber nicht völlig souverän, sondern an die Verfassung gebunden. Der überwiegende Teil seiner legislativen Tätigkeit unterliegt der richterlichen Kontrolle, vorausgesetzt, dass das Gericht in strittigen Fällen angerufen wird.

Funktion innerhalb des demokratischen Systems

Untersuchungen haben ergeben, dass das BVerfG weitreichende Kompetenzen im Vergleich zu anderen parlamentarischen Demokratien hat. Dies kommt organisatorisch darin zum Ausdruck, dass das Bundesverfassungsgericht ein unabhängiges Verfassungsorgan darstellt, das keiner anderen Behörde, auch nicht dem Bundesjustizminister, untersteht. Es steht als Verfassungsorgan gleichberechtigt neben Bundestag, Bundesregierung, Bundesrat und Bundespräsident, den übrigen Verfassungsorganen.

Die Macht des Bundesverfassungsgerichts erwächst aus der Fülle seiner Kompetenzen und der politischen Bedeutung, die diese Kompetenzen für den Regierungsprozess haben. Es kann sogar als eine „Superlegislatur" den Gesetzgeber in seine Schranken weisen; nach herrschender Lehre ist es der richterliche Hüter der Verfassung.

Die Rechtsprechung des Gerichts umfasst vier große Bereiche (Art. 93 GG):

- Es entscheidet über Streitigkeiten zwischen Bund und Ländern bzw. zwischen den Ländern (***bundesstaatliche Streitigkeiten***). Dies ist eine traditionelle Aufgabe der Verfassungsgerichtsbarkeit, die der Föderalismus zwingend notwendig macht.
- Es entscheidet Streitigkeiten zwischen Organen des Bundes, z. B. zwischen Bundesregierung und Bundestag, sofern sie die gegenseitige Zuordnung und die Verfahren dieser Organe betreffen (***Organstreitigkeiten***).
- Es prüft die Vereinbarkeit von Bundesgesetzen mit der Verfassung bzw. von Landesrecht mit Bundesrecht (***Normenkontrolle***). Die Normenkontrolle basiert auf dem Grundsatz, dass die niedrigere Rechtsnorm (z. B. ein Gesetz oder eine Rechtsverordnung) mit der höheren Norm (der Verfassung) übereinstimmen muss. Besonders umstrittene Beispiele für Gesetze, die vom BVerfG für verfassungswidrig erklärt wurden, waren die Wehrdienstnovelle (nach der die Wehrdienstverweigerung ohne Gewissensprüfung durch eine einfache Entscheidung möglich war) und die Fristenregelung zum §218 StGB (Schwangerschaftsabbruch grundsätzlich in den ersten drei Monaten der Schwangerschaft straffrei); in beiden Fällen trat – wie von der Verfassung vorgesehen – zu-

nächst wieder die alte Regelung in Kraft, bis das Parlament ein neu formuliertes Gesetz verabschiedete.

- Es trifft die Entscheidung bei ***Verfassungsbeschwerden***. Mit einer Verfassungsbeschwerde kann sich jeder Bürger an das Gericht wenden, der glaubt, er sei durch die öffentliche Gewalt in seinen Grundrechten verletzt worden.

Als politisch besonders bedeutsame Befugnis tritt noch das Verbot verfassungswidriger Parteien hinzu. An diesem umfangreichen Katalog von Kompetenzen ist bereits klar ablesbar, dass dem Bundesverfassungsgericht nicht nur als verbindlichem Interpreten der Verfassung, sondern auch als Teil des politischen Prozesses eine wichtige Funktion zukommt, vor allem bei den Streitigkeiten zwischen Verfassungsorganen und zwischen Bund und Ländern.

1.4 Politische Beteiligung der Bürger

Wahlen

In demokratischen Ländern mit einem Mehrparteiensystem unterscheidet man grundsätzlich zwischen zwei verschiedenen Wahlmodi, dem ***Mehrheits***- und dem ***Verhältniswahlrecht***. Das Prinzip der ***Einheitslistenwahl***, das in der DDR praktiziert wurde, gilt aus westlicher Sicht als Scheinwahl, da die Sitzverteilung im neu zu wählenden Parlament schon vor der Wahl (unter der Federführung der jeweiligen kommunistischen Partei) festgelegt wurde und die Bürger nur „en bloc“ mit ja oder nein für diese „Einheitsliste“ stimmen konnten.

Mehrheitswahlrecht

Das Wahlgebiet wird in ebenso viele Wahlkreise aufgeteilt, wie Abgeordnete zu wählen sind. Die Parteien bestimmen für die Wahlkreise jeweils Kandidaten, die Wähler haben eine Stimme. Gewählt ist, wer in dem Wahlkreis die meisten Stimmen erhalten hat, die anderen abgegebenen Stimmen verfallen.

Vorzüge der Mehrheitswahl

- *Verhütung der Parteienzersplitterung:* Das System der relativen Mehrheit enthält eine versteckte „Sperrklausel“: Parteien, die die relative Mehrheit der Wählerstimmen nicht auf sich vereinigen können, scheiden automatisch aus. Ein Mehrheitswahlsystem führt tendenziell zu Zweiparteiensystemen und sichert so politische Kontinuität.
- *Förderung politischer Mäßigung:* Da die Wähler der Mitte eine Wahl entscheiden, sind die konkurrierenden Parteien gezwungen, sich in ihrer Programmatik an der gemäßigten Wählerschaft der Mitte zu orientieren.
- *Förderung des Wechsels in der Regierungsausübung:* Bereits kleine Veränderungen in den Stärkeverhältnissen der Parteien nach Wählerstimmen können durch den Disproportionseffekt große Veränderungen an Mandaten auslösen.
- *Personenwahl:* Aufgrund der Einteilung des Wahlgebietes in Wahlkreise entsteht eine enge Verbindung zwischen Wähler und Kandidat. Der Wähler entscheidet bei seiner Stimmabgabe eher über Personen als über Parteien.

Nachteile der Mehrheitswahl

- *Demokratiedefizit:* Alle für die Minderheiten abgegebenen Stimmen eines Wahlkreises verfallen.
- *Manipulationsmöglichkeiten durch die Wahlkreiseinteilung:* Die Anzahl der durch eine Abgeordnetenstimme repräsentierten Wähler kann sehr unterschiedlich sein.

Verhältniswahlrecht

Das Wahlgebiet wird nicht unterteilt. Die sich zur Wahl stellenden Parteien legen vor der Wahl auf internen Wahlparteitagen auf einer Liste die Reihenfolge ihrer Kandidaten fest. Die Wähler haben eine Stimme, die sie der Liste einer Partei geben. Gemäß dem auf sie anfallenden Anteil der Stimmen entsenden die Parteien nach der Reihenfolge ihrer Liste ihre Abgeordneten in die Volksvertretung.

Vorzüge der Verhältniswahl

- ***Gerechtigkeit:*** Jede abgegebene Stimme zählt, d. h., Minderheitengruppen werden entsprechend ihrer tatsächlichen Stärke repräsentiert.
- ***Spiegelbild der Wählerschaft:*** Beim reinen Verhältniswahlrecht entsteht ein getreues Abbild der in der Wählerschaft bestehenden politischen Meinungen.
- ***Keine Wahlkreisgeometrie:*** Durch die Verrechnung auf Wahlgebietsbasis besteht keine Möglichkeit der Manipulation von Wahlergebnissen durch Wahlkreiseinteilung im Interesse bestimmter Gruppen.
- ***Verhinderung extremer politischer Umschwünge:*** In der Verhältniswahl ist es außerordentlich selten, dass extreme Veränderungen im Parteiensystem sich sehr schnell niederschlagen.

Nachteile der Verhältniswahl

- Die Bürger wählen keine Personen, sondern anonyme Parteilisten.

Kein Abgeordneter fühlt sich über seine Parteizugehörigkeit hinaus einer Region besonders verpflichtet.

- Sehr viele Parteien gelangen u. U. in das Parlament, sodass mögliche Koalitionen und Regierungsbildungen für die Wähler völlig unvorhersehbar werden können.

Das personalisierte Verhältniswahlrecht der BRD

Dies Wahlrecht versucht, die Vorteile beider Systeme zu kombinieren und die Nachteile zu vermeiden, hat dadurch allerdings die unangenehme Eigenart, recht kompliziert zu sein. Zudem wurden die unglücklichen Begriffe ***Erststimme*** und ***Zweitstimme*** gewählt, die den falschen Schluss nahelegen, dass es sich um eine „Mischung“ aus Mehrheits- und Verhältniswahlrecht handelt und die Erststimme wichtiger sein könnte.

Das Wahlgebiet ist in 298 Wahlkreise eingeteilt, der BT hat 596 Sitze. Jeder Wähler hat zwei Stimmen, eine Erststimme für die Wahl eines Wahlkreisabgeordneten und eine Zweitstimme für die Wahl einer Landesliste. In jedem Wahlkreis wird ein Abgeordneter mit der einfachen Mehrheit der Stimmen gewählt. Für die Verteilung der Sitze im BT ist aber ausschließlich der prozentuale Anteil der Zweitstimmen maßgeblich. Die Anzahl der von einer Partei errungenen ***Direktmandate*** entscheidet lediglich über die prozentuale Zusammensetzung innerhalb der Fraktion nach Direktmandaten und ***Landeslistenplätzen***, nicht aber über die Gesamtstärke der Fraktion. Lediglich dann, wenn eine Partei in einem Bundesland mehr Direktmandate erhalten hat, als ihr nach den abgegebenen Zweitstimmen an Parlamentssitzen zusteht, kommt es zu „Überhangmandaten", der Bundestag wird entsprechend vergrößert. Der Nachteil des Mehrheitswahlrechts, dass die für die unterlegenen Parteien abgegebenen Stimmen verfallen, gilt hier nicht, nach dem Prinzip der Verhältniswahl zählt jede Stimme.

Die 298 direkt gewählten Abgeordneten sind – neben ihrer parteipolitischen Bindung – den Belangen ihres Wahlkreises in besonderem Maße verpflichtet und müssen dort regelmäßig Sprechstunden abhalten und die Anliegen der Bürger zur Kenntnis nehmen. Der Nachteil des Verhältniswahlrechts, dass die Bürger nur anonyme Personen wählen, ist so gemindert.

Es ist in das Wahlrecht eine ***Sperrklausel*** eingefügt: Um in den Bundestag zu gelangen, muss eine Partei mindestens 5 % der abgegebenen Zweitstimmen erhalten oder 3 Direktmandate gewinnen. Wird dies Ziel nicht erreicht, verfallen die für die Partei abgegebenen Stimmen. So soll dem Nachteil der Parteienzersplitterung begegnet werden, und dies mit Erfolg, wie die Geschichte der BRD zeigt.

Das Wahlrecht in der öffentlichen Diskussion

In den 90er-Jahren hat sich gezeigt, dass die Zahl der Nichtwähler kontinuierlich zunimmt. Dies wird einerseits auf eine allgemein steigende Politikverdrossenheit zurückgeführt, hat aber anderseits auch zu Veränderungsvorschlägen bezüglich des Wahlsystems geführt:

- ***Absenkung der 5 %-Klausel:*** Es wird insbesondere von kleinen Parteien argumentiert, dass die tatsächliche psychologische Abschreckungswirkung sehr viel höher sei und viele ihrer potenziellen Wähler nicht zur Wahl gehen (oder widerwillig andere Parteien wählen) würden, weil sie sich keine Erfolgschance ausrechneten.
- ***Wahlrecht ab 16 Jahren:*** Politische Urteilsfähigkeit ist, wie man mit den Erfahrungen des Kommunalwahlrechts gemacht hat, schon mit 16 Jahren vorhanden, und für Jugendliche sind Themen mit Zukunftsbezug – wie etwa Umweltprobleme – besonders wichtig.
- ***Einführung der Wahlpflicht:*** Wer nicht zur Wahl geht, soll mit einem Bußgeld bestraft werden. Die Wirksamkeit dieses Zwangsmechanismus wird allerdings stark bezweifelt, und dies auch aufgrund der Erfahrungen von Staaten mit Wahlpflicht: Die Demokratie mit Bußgeldandrohungen einzuführen, sei eine grobe politische Dummheit.
- ***Ausweitung der Anteile des Mehrheitswahlrechts:*** Zwei Drittel der Abgeordneten werden direkt im Wahlkreis gewählt, nur noch ein Drittel über Landeslisten. Sollten durch diese Verschiebung hin zum Mehrheitswahlrecht Parteien benachteiligt werden, weil sie zwar ausreichend Zweitstimmen, aber keine oder nur wenige Direktmandate haben, sollen Ausgleichs- (Überhang-)Mandate eine Korrektur sichern. Da sich Listenkandidaten mehr den Parteifunktionären als den Bürgern verantwortlich fühlen und dies ein Grund für die zunehmende Wahlmüdigkeit sein kann, solle dies plebiszitäre Element gestärkt werden.

Parteien

Die Regelungen des Parteiengesetzes

Art. 21 GG weist den Parteien die Aufgabe zu, bei der politischen Willensbildung mitzuwirken. In der Parteiengesetzgebung wurden vor allem folgende Regelungen getroffen:

- ***Gründung einer Partei:*** Die Gründung ist nach Art. 21 GG frei, aber im Unterschied zu Verbänden und Vereinen, deren erklärtes und erlaubtes Ziel die bloße Interessenvertretung der Mitglieder ist, muss eine Partei sich ein allgemeinpolitisches Programm geben. Ausnahmen gibt es lediglich auf kommunaler Ebene, die „freien Wählergemeinschaften" dürfen ein einziges politisches Ziel verfolgen. Ein Parteiprogramm aber darf sich nicht nur auf einen einzigen Punkt beschränken, sondern muss Position beziehen zu allen wesentlichen Politikbereichen.

- ***Verfassungsrechtliche Stellung und Aufgabe der Parteien:*** Das Parteiengesetz nennt als wesentliche Aufgabe von Parteien Einflussnahme auf die öffentliche Meinung, Anregung und Vertiefung der politischen Bildung, Förderung der Teilnahme der Bürger am politischen Leben, Heranbildung befähigter Bürger zur Übernahme öffentlicher Verantwortung, Beteiligung an der Aufstellung von Kandidaten für Wahlen in Bund, Ländern und Gemeinden, Einflussnahme auf die politische Entwicklung in Parlament und Regierung, Einführung der von ihnen erarbeiteten politischen Ziele in den Prozess der staatlichen Willensbildung, Sorge für eine lebendige Verbindung zwischen Volk und Staatsorganen.
- ***Der Parteibegriff:*** Eine Partei unterscheidet sich von allen anderen Vereinigungen, wie z. B. Interessenverbänden, berufsständischen Vereinigungen, politischen Klubs usw. dadurch, dass sie an Parlamentswahlen teilzunehmen beabsichtigt. Im Gründungsstadium einer Partei ist nicht immer erkennbar, ob ernsthaft beabsichtigt ist, sich an Parlamentswahlen zu beteiligen. Um eine missbräuchliche Inanspruchnahme des Parteienstatus auszuschließen, verlangt daher das Parteiengesetz die Erfüllung einer Reihe objektiver Voraussetzungen: Eine Partei muss durch ihre Organisation, die Zahl ihrer Mitglieder und ihr Auftreten in der Öffentlichkeit „eine ausreichende Gewähr für die Ernsthaftigkeit ihrer Zielsetzung als Partei bieten" (§ 2).

Nimmt eine Partei nicht innerhalb von 6 Jahren an mindestens einer Bundes- oder Landtagswahl statt, wird sie aus dem ***Parteienregister*** (beim ***Bundeswahlleiter*** in Wiesbaden) gestrichen. Um an einer dieser Wahlen teilnehmen zu können, muss eine neue Partei aber Unterschriften von Bürgern sammeln, die ihre Kandidatur befürworten, und zwar in Höhe von 0,5 % aller Wahlberechtigten des Bundeslandes bzw. der gesamten BRD. Da viele Parteien aber diese Hürde nicht schaffen, gibt es im Parteienregister eine rege Fluktuation. Bei der zur Zeit letzten Bundestagswahl vom September 2005 standen immerhin 30 Parteien zur Wahl, von denen aber nur sechs (CDU und CSU als zwei Parteien gezählt) den Weg ins Parlament fanden.

■ ***Die innere Ordnung der Parteien:*** Sie muss laut Art. 21 GG „demokratischen Grundsätzen entsprechen“ und eine demokratische Willensbildung von unten nach oben garantieren. Damit wird jeder autoritär strukturierten Partei eine Absage erteilt. Dazu gehören im Einzelnen:
- die Ablehnung des Führerprinzips,
- die Chancengleichheit im Zugang zu den Parteiämtern,
- die Vergabe von Führungspositionen durch Wahl,
- die Freiheit von Ein- und Austritt,
- die Kontrolle der Führung durch die Mitglieder,
- die Möglichkeit, auf programmatische Aussagen Einfluss zu nehmen.

■ ***Die Gliederung der Gebietsverbände:*** Das Parteiengesetz hat sich für die Struktur der in Gebietsverbänden gegliederten Mitgliederpartei entschieden. Nur der Aufbau einer Partei, der diesen Anforderungen entspricht, ermöglicht eine demokratische Mitwirkung aller Mitglieder an der Willensbildung der Partei, da unterhalb der Ebene des Bundesverbandes Gebietsverbände bestehen (müssen), in denen eine eigenständige Willensbildung durch ***Parteitage*** (Hauptversammlungen) und ***Parteivorstände*** erfolgen kann.

■ ***Die Rechte der Parteimitglieder:*** Parteien müssen einerseits für die politische Auseinandersetzung eine gewisse Geschlossenheit und Einheit aufweisen, dürfen andererseits die Stellung des einzelnen Mitglieds nicht abwerten. Es ist den Parteien nicht erlaubt, bestimmte Kategorien der Bevölkerung (wie z. B. Mitglieder einer Religionsgemeinschaft) von vornherein auszuschließen, andererseits sind sie im individuellen Fall nicht gezwungen, jeden aufzunehmen. Parteien können Beschlüsse über die Unvereinbarkeit zwischen der Mitgliedschaft in ihrer Partei und anderen Parteien oder Organisationen fassen und bei Zuwiderhandlung oder allgemein parteischädigendem Verhalten das jeweilige Mitglied aus der Partei ausschließen. Über diesen Ausschluss entscheidet nach § 10 das zuständige Schiedsgericht der Partei. Um die Unabhängigkeit zu gewährleisten, dürfen die Mitglieder der Schiedsgerichte nicht dem Parteivorstand angehören oder in einem Dienstverhältnis zu der Partei stehen.

- ***Der Parteitag:*** Das Parteiengesetz schreibt vor, dass der Parteitag („Hauptversammlungen“ auf unterster Ebene) über das Parteiprogramm, die Satzung, die Beitragsordnung, die Schiedsgerichtsordnung sowie die Auflösung und Verschmelzung mit anderen Parteien beschließt; außerdem wählt er den Parteivorstand und die Vertreter in den Organen höherer Gebietsverbände. Parteitage sind keine Akklamationsgremien. Die Zahl der Sachanträge, insbesondere zu Bundesparteitagen, hat erheblich zugenommen. Auf den Parteitagen wird diskutiert und um Entscheidungen gerungen, auch wenn meistens die Leitanträge der Parteivorstände angenommen werden.
- ***Der Parteivorstand:*** Vorstandsmitglieder müssen durch die Parteitage gewählt und diese Wahl muss in „mindestens jedem zweiten Kalenderjahr“ (§ 11) wiederholt werden. Aus dem Wort „mindestens“ ist zu entnehmen, dass die Parteisatzung auch eine kürzere Frist vorsehen darf.

Der Vorstand besteht aus mindestens drei Mitgliedern. Damit wird ein kollegialer Parteivorstand gefordert, um diktatorisch geleitete Parteien zu verhindern.

- ***Parteienprivileg:*** Die besondere Stellung der Parteien wird auch in der Verbotsregelung deutlich, denn im Unterschied zu Verbänden und Vereinen, die von den unteren Verwaltungsbehörden bzw. Gerichtsinstanzen verboten werden können, kann ein ***Parteiverbot*** nur vom Bundesverfassungsgericht ausgesprochen werden. Diese Entscheidung erfolgte, um ein freies Ermessen durch andere staatliche Institutionen auszuschließen. In der Geschichte der BRD hat es erst zwei Parteiverbote gegeben: 1952 das Verbot der SRP, 1956 das Verbot der KPD.

Parteienfinanzierung

Parteien finanzieren sich einerseits über Mitgliedsbeiträge, Spenden usw., andererseits über staatliche Mittel, letztlich also aus Steuergeldern. Die ***Wahlkampfkostenerstattungspauschale*** wurde letztmalig in der Gesetzesnovelle zum Parteiengesetz von 1994 geändert. Die Obergrenze dessen, was an alle Parteien insgesamt ausgezahlt werden darf, beträgt z. Zt. ca. 125 Mio. €. Die Parteien erhalten jährlich im Rahmen der staatlichen Teilfinanzierung ca. einen halben Euro für jede für ihre jeweilige Liste abgegebene gültige Stimme und ca. die Hälfte für jeden Euro, den sie als Zuwendung (Mitgliedsbeitrag oder Spende) erhalten haben.
Die Zahlungen aus Steuermitteln waren von Anfang an ein Stein des Anstoßes. Nicht wenige vertreten die Auffassung, die Parteien sollen sich selbst finanzieren, insbesondere sollen jene für die Auslagen aufkommen, die über die Parteien in maßgebliche Positionen in Staat und Wirtschaft gelangt sind. Die Anhänger der Parteienfinanzierung aus Steuermitteln machen dagegen darauf aufmerksam, dass die Demokratie eine Angelegenheit aller Bürger sei. Die Demokratie sei nicht für die Parteien da, sondern die Parteien für die Demokratie. Wäre die Finanzierung allein Sache der Parteien, könnte sich leicht die Vorstellung breitmachen, dass sie auch besondere Privilegien oder Staatsämter und Verwaltungspositionen beanspruchen dürften (***Ämterpatronage***). Die Ämterpatronage unter parteipolitischen Gesichtspunkten müsste sich dann noch stärker ausbreiten und es wäre schwer, einem solchen Missstand die moralische Berechtigung abzusprechen.
Das GG bestimmt, dass die Parteien über die Herkunft ihrer Mittel sowie über ihr Vermögen öffentlich Rechenschaft ablegen müssen. Die Rechenschaftsberichte werden durch den Deutschen Bundestag der Öffentlichkeit zugänglich gemacht.

Kritik am Parteiensystem

- ***Oligarchisierung:*** In großen Organisationen ist eine Mitentscheidung aller über alles nicht möglich. Daher haben Organisationen immer eine Tendenz zur Oligarchie, zur Herrschaft weniger. Diese Tendenz tritt verstärkt in Parteien auf, da sie als Kampforganisationen häufig sehr kurzfristig und schnell wichtige Entscheidungen treffen müssen. Parteimitglieder neigen, obwohl sie im Gegensatz zu weiten Bevölkerungskreisen politisch bewusster sind, dazu, die Politik zu personalisieren, die Partei mit ihren hervorragenden Führern zu identifizieren. Hinzu kommt, dass auf Seiten der Führungsschicht das angehäufte Organisations- und Spezialwissen die Absonderung der Spitze von der Basis der Partei verstärkt.
- ***Immobilismus:*** Gerade die beiden großen Volksparteien CDU und SPD reagieren zu langsam und träge auf teilweise rasante gesellschaftliche Änderungen. So bedurfte es z. B. erst jahrelanger Aktivitäten der Grünen, ehe das Problem Ökologie in das Bewusstsein (und die Programme) der großen Parteien gedrungen ist.
- ***Verkümmern des Dialogs:*** Es ist ein auffälliges Merkmal der politischen Entwicklung, dass innovative Ideen und moralische Kriterien bei der Beurteilung von Innen- und Außenpolitik ihren Ausgangspunkt nicht in den politischen Parteien haben.
- ***Mangelnde Demokratisierung:*** Weniger als 5 % der wahlberechtigten Bevölkerung sind Parteimitglieder. Die bei Wahlen zur Entscheidung stehenden personal- und sachpolitischen Alternativen werden also von einer politischen Elite getroffen, deren Zusammensetzung von der von ihr repräsentierten Bevölkerung weit abweicht.

Verbände

Die Verbände lassen sich folgendermaßen einteilen:

- Organisierte Interessen im Wirtschaftsbereich und in der Arbeitswelt: Unternehmer und Selbstständigenverbände, Gewerkschaften, Konsumentenverbände

- Organisierte Interessen im sozialen Bereich: Sozialanspruchsvereinigungen (z. B. Blindenverein), Sozialleistungsvereinigungen (z. B. Wohlfahrtsverbände), Selbsthilfegruppen (z. B. Anonyme Alkoholiker)
- Organisierte Interessen im Bereich der Freizeit und Erholung: Sportvereine und -verbände, Geselligkeits- und Hobbyvereine
- Organisierte Interessen im Bereich von Religion, Kultur und Wissenschaft: Kirchen, Sekten, wissenschaftliche Vereinigungen, Bildungswerke, Kunstvereine
- Organisierte Interessen im gesellschaftspolitischen Querschnittsbereich: ideelle Vereinigungen (z. B. Humanistische Union, amnesty international), gesellschaftspolitische Vereinigungen (z. B. für Umwelt, Frieden, Frauenemanzipation usw.)

Moderne industrielle Massengesellschaften sind von einer „Kette von Interessengegensätzen" durchzogen. Diese Heterogenität ist zu akzeptieren; eine homogene Gesellschaft ist nicht als Ziel anzustreben.
Das Gemeinwohl ist nicht im Voraus feststellbar, sondern bildet sich jeweils aus den Konflikten und Kompromissen der gesellschaftlichen Gruppen im Nachhinein heraus, d. h., die Verwirklichung des Gemeinwohls ist das Resultat des politischen Wettbewerbs.
Gemeinwohl als Resultat des Ausgleichs von Gruppeninteressen wird sich jedoch nur dann ergeben, wenn dabei Minimalerfordernisse einer allgemeingültigen und akzeptierten Wertordnung beachtet werden. Insbesondere muss es einen „nichtkontroversen Sektor" geben, der die pluralistischen Verfahrens- und Spielregeln enthält.
Dem Staat kommt in der pluralistischen Gesellschaft eine besondere Rolle zu. Er ist der Ort des pluralistischen Interessenausgleichs und hat dafür zu sorgen, dass die notwendigen Spielregeln eingehalten werden. Schon Thomas Hobbes und John Locke formulierten die Auffassung, dass Demokratie primär eine Methode, eine Form des Umgangs miteinander sei.

Aufgabe der Verbände

Verbände wollen (und sollen) die spezifischen Interessen ihrer Gruppe in Politik und Gesellschaft durchsetzen. Sie stellen also keine politischen Gesamtkonzepte auf und beteiligen sich nicht an politischen Wahlen. Sie vertreten die Interessen einer bestimmten, möglichst genau umschriebenen Gruppe oder sie vertreten größere Bevölkerungsschichten, die gemeinsame Interessen haben. Innerhalb dieses differenzierten, kaum überschaubaren Verbandswesens kann der Einzelne durchaus sinnvoll Mitglied in mehreren Verbänden sein, die seinen verschiedenen Interessen entsprechen.

Politisch relevant sind alle Verbände, sofern sie ihre Interessen durchsetzen wollen. Sie versuchen in sehr vielfältiger Weise die für sie interessanten Entscheidungsträgcr zu beeinflussen, besonders die Regierung und die Ministerialbürokratie (***Lobbyismus***). Gerade hier – im Stadium des Referentenentwurfs für ein Gesetz oder bei der Formulierung eines ministeriellen Erlasses – fallen ja wesentliche Entscheidungen, besonders in Detailfragen. Regierung und nachgeordnete Bürokratie sind vielfach auf den Sachverstand der Verbandsexperten angewiesen. Größere Verbände haben hauptberufliche Interessenvertreter (Lobbyisten), die neben der Durchsetzung der Verbandsinteressen in allen Bereichen die Aufgabe haben, dauernden Kontakt zu einflussreichen Persönlichkeiten zu halten, Informationen zu sammeln und den Einfluss der entgegengesetzten Interessenverbände zu schwächen.

Alle Verbände versuchen, ihre Interessen in der Propaganda als Teilinteressen des Gemeinwohls und nicht etwa als Spezialinteresse einer kleinen Gruppe darzustellen. Dies geschieht durch Überbetonung der möglicherweise partiell vorhandenen Identität des Verbandsinteresses mit dem Gesamtinteresse, durch Vereinfachung komplizierter Zusammenhänge usw.

Verbände, die sich auf ein bestimmtes Ministerium konzentrieren (z. B. Lehrerverbände), sind häufig besser informiert als die Bürokratie und nutzen diese Machtposition. Es wird versucht,

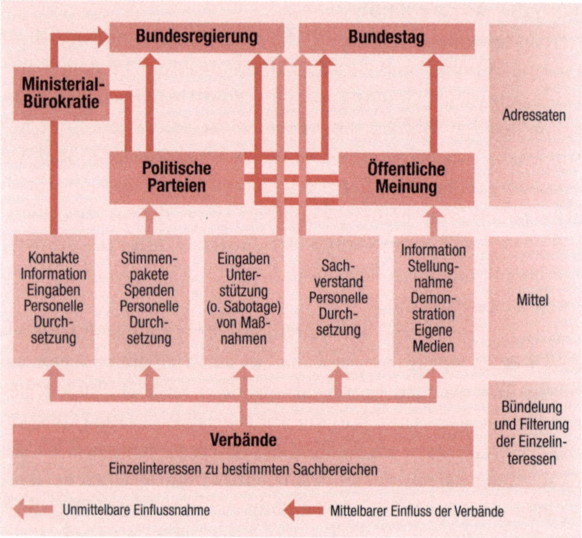

Adressaten und Methoden von Verbandseinfluss

dem Verband nahestehende Persönlichkeiten in Entscheidungspositionen oder Beiräte eines Ministeriums zu lancieren, durch Formulierungshilfen Einfluss auf Gesetze und Erlasse zu gewinnen, freundschaftliche Kontakte zu pflegen usw.

Verbände, deren Forderungen die gesamte Politik betreffen (Gewerkschaften, Arbeitgeberverbände), versuchen, die Ministerien und das Bundeskanzleramt zu beeinflussen. Sie versuchen aber auch, über die Parteien Einfluss auf politische Grundsatzentscheidungen zu bekommen. Dieser Einfluss ist umso größer, je stärker der wirtschaftliche Einfluss des Verbandes ist oder je glaubhafter er behaupten kann, er könne die Wahlentscheidung seiner Mitglieder beeinflussen. Da die Parteien alle Schichten ansprechen wollen, sind sie auf gute Beziehungen (und finanzielle Unterstützung) zu den Verbänden angewiesen.

Kritik an den Verbänden

Die Struktur der Verbände entspricht in den wenigsten Fällen demokratischen Anforderungen, da es den Führungsgruppen oft gelingt, durch ihren Informationsvorsprung, durch die Vertraulichkeit der Kontakte mit den politischen Stellen und durch die notwendige Geschlossenheit nach außen ihre Ziele und Wünsche verbandsintern durchzusetzen. Viele Mitglieder sind im Übrigen an einer stärkeren Kontrolle der Führungen nicht interessiert, solange diese Erfolge vorweisen können.

Die Einwirkung der Interessenverbände auf den Willensbildungsprozess wird auch wegen der mangelhaften Transparenz der meistens verborgenen Kommunikationsströme kritisiert. In einer pluralistisch strukturierten demokratischen Gesellschaft hat die Öffentlichkeit einen Anspruch auf Transparenz der politischen Aktivitäten der Verbände. Die Einflussnahme der Verbände auf den Gesetzgebungsprozess ist vielfach undurchsichtig.

Dem Öffentlichkeitsanspruch auf mehr Transparenz glaubte der Bundestag zumindest teilweise dadurch Genüge zu leisten, dass er eine „Lobbyistenliste" mit einer Aufzählung aller in der Bundesrepublik tätigen Interessenverbände vorlegte. In dieser Liste kommt aber die institutionelle und personelle Verflechtung von Staat und Wirtschaft nicht zum Ausdruck, da sie keinen Aufschluss über die Zugehörigkeit der Interessenvertreter zum Bundestag, den Bundestagsfraktionen, der Bundesregierung und den Bundesministerien gibt.

Bürgerinitiativen

Bürgerinitiativen als Funktionselemente bürgerschaftlicher politischer Organisation und Interessenvertretung haben in den 70er-Jahren immer mehr an Bedeutung gewonnen und schließlich zur Partei „Die Grünen" bzw. in der untergehenden DDR zum „Bündnis 90" geführt.

Bürger versuchen vor allem im lokalen Bereich (Umweltschutz, Energie, Wohnen, Verkehr, Bildung) außerhalb der parlamentarisch etablierten Willensbildungsinstitutionen ihre Interessen in spontanen Formen der Selbstorganisation von gemeinsam Betroffenen deutlich zu machen, die als Bürgerinitiativen bezeichnet werden.

Man unterscheidet zwischen Bürgerinitiativen, die als Selbsthilfeorganisationen, als Widerstandsorganisationen und als Antriebsaktionen auftreten.

- ***Selbsthilfeorganisationen:*** Sie bilden sich, wenn Bedürfnisse nicht durch Leistungen des Staates oder der zuständigen gesellschaftlichen Organisation befriedigt werden. Aktionen, die z. B. Kindergärten oder Spielplätze einrichten, gehören zu dieser Gruppe der Bürgerinitiativen.
- ***Widerstandsaktionen:*** Sie wollen Maßnahmen des Staates oder von Unternehmen verhindern. Hier gibt es Bürgerinitiativen, deren Ziel es ist, den Bau einer Straße oder einer Industrieanlage lediglich an einem bestimmten Ort zu verhindern, darüber hinaus die Anlage an jedem anderen Ort aber durchaus zu wünschen. Andere dieser Widerstandsbürgerinitiativen fragen, ob die Maßnahme überhaupt sinnvoll und nützlich ist (Beispiel: Errichtung von Kernkraftwerken).
- ***Antriebsaktionen:*** Sie wirken auf staatliche Institutionen ein oder informieren und mobilisieren andere Bürger, damit diese sich für die Lösung eines Problems einsetzen (Beispiel: Aktionen zur Friedenserziehung, Abrüstung, Hilfe für die Dritte Welt).

BI entstehen häufig spontan, die Beziehungen ihrer Mitglieder untereinander sind basisdemokratisch und wenig strukturiert, die Hierarchie der Funktionsträger entsprechend wenig ausgeprägt (flach). Sie wirken – mit Ausnahme ihres Einflusses auf die Grünen – als Opposition von außen auf die politischen Entscheidungsinstanzen.

BI streben die Änderung, Herbeiführung oder Unterlassung hoheitlicher, ohne demokratische Mehrheitsermittlung zustande gekommener Verwaltungsakte an, einfach auf den Druck der jeweiligen Bürgerinitiative hin. Dabei kann man nicht davon ausgehen, dass die spontanen Aktionsgemeinschaften immer Mehrheiten repräsentieren. Im Gegenteil, viele Bürgerinitiativen sind Minderheitsbewegungen, und ihre Struktur ist häufig ausgesprochen oligarchisch mit einer Kerngruppe von einem Dutzend oder einem halben Dutzend eigentlicher Initiatoren, Planern und Lenkern, einem wechselnden Personenkreis von Helfern, Beratern und Verbindungsmännern, der von der Kerngruppe je nach Ermessen und Bedarf herangezogen oder nicht herangezogen wird. Dazu kommt ein weiterer Kreis von Sympathisanten, die ohne feste Bindung an die Gruppe Versammlungen besucht, an Demonstrationen teilnimmt usw. und schließlich weiteren losen Anhängern.

Die Medien als „vierte Gewalt"

Die Demokratie verlangt den mündigen Bürger, der in der Lage sein muss, sich wohlinformiert ein Urteil über die öffentlichen Angelegenheiten zu bilden. Das aber setzt unabhängige Medien voraus. Das Grundgesetz garantiert daher in seinem Art. 5 die freie Meinungsäußerung, die Presse- und Informationsfreiheit als Grundrecht. Zu dieser ***äußeren Pressefreiheit*** gehört auch der freie Zugang zu publizistischen Berufen, eine weitgehende Auskunftspflicht der Behörden gegenüber den Medien und das ***Zeugnisverweigerungsrecht*** der Journalisten, das außer bei schweren Straftaten auch vor den Gerichten geltend gemacht werden kann. Als Abwehrrecht gegenüber dem Staat hat sich Art. 5 Grundgesetz (Presse- und Informationsfreiheit, Verbot jeder Zensur) bisher bewährt. Die Öffentlichkeit hat stets sehr sensibel auf Versuche reagiert, die Pressefreiheit zu verletzen und Journalisten bei der Wahrnehmung ihrer Aufgaben zu behindern.

Die Massenmedien haben in einer Demokratie im Wesentlichen drei Funktionen zu erfüllen:

- ***Informationsfunktion:*** Vollständige und objektive Berichterstattung über Ereignisse, Fakten und Ideen, die für die politische, gesellschaftliche, wirtschaftliche und kulturelle Entwicklung relevant sind.

- ***Artikulationsfunktion:*** Die Massenmedien sollen die unterschiedlichen Ansichten in der Gesellschaft zum Ausdruck bringen. Auf diese Weise sollen sie eine ständige öffentliche Diskussion über politische Fragen ermöglichen und zur Bildung einer politischen Meinung beitragen.
- ***Kontrollfunktion:*** Die Medien sollen alle Institutionen des öffentlichen Lebens kritisch beobachten, ihre Ziele und Entscheidungen ständig kommentieren und dadurch kontrollieren.

Die Gesamtheit der Medien soll die unterschiedlichen Auffassungen in der Gesellschaft zum Ausdruck bringen. Sie sollen so die für eine lebendige Demokratie unerlässliche öffentliche Diskussion ermöglichen und zur politischen Urteilsbildung beitragen. Einzelne Zeitungen können aber sehr wohl einen bestimmten politischen Kurs steuern. Letztlich entscheidet darüber der Verleger als Eigentümer seines Wirtschaftsunternehmens „Zeitung“, eine ***innere Pressefreiheit***, d.h. eine journalistische Unabhängigkeit vom Verleger, gibt es nicht.

Im Gegensatz zu den privatwirtschaftlich betriebenen Printmedien sind die öffentlich-rechtlichen Rundfunk- und Fernsehanstalten (ARD und ZDF) gesetzlich zur parteipolitischen Neutralität und zur Objektivität in der Berichterstattung verpflichtet. Aufsichtsgremien, in denen die Parteien und die großen gesellschaftlichen Gruppen vertreten sind, sollen darüber wachen.

Wegen der besonderen Bedeutung der elektronischen Medien für die Willensbildung muss nach einem Urteil des Bundesverfassungsgerichts auch beim privaten Fernsehen eine dem öffentlich-rechtlichen Fernsehen vergleichbare ***Meinungspluralität*** gewährleistet sein. Diesem Urteil kommt wegen der Konzentration im Privatfernsehen große Bedeutung zu.

Die Fernsehrichtlinie der Europäischen Union von 1991 formuliert Ähnliches: Die EU-Staaten sind verpflichtet, den Hauptanteil der Sendezeit mit europäischen Werken aus den Bereichen Information, Bildung, Kultur und Unterhaltung zu gestalten und zusätzlich mindestens 10 % der Sendezeit unabhängigen Produzenten solcher Sendungen einzuräumen.

1.5 Szenarien zukünftigen gesellschaftlichen Wandels

Theorien sozialer Ungleichheit

- ***Ständegesellschaft:*** hierarchische Gliederung der Gesellschaft in deutlich voneinander unterscheidbare Stände (nach Lebensgewohnheiten, Kleidung, Privilegien und Freiheitsrechten), die in Mitteleuropa auf der Basis religiöser Wertvorstellungen legitimiert wurden. Man wurde in einen Stand geboren, dadurch war der Wechsel zwischen den Ständen schwierig (geringe ***vertikale Mobilität***). In Europa wird die Ständegesellschaft durch die bürgerlichen Revolutionen etwa Ende des 18. Jh.s beseitigt.
- ***Klassengesellschaft:*** Dieser Begriff wurde von Karl Marx geprägt. Über die Position eines Individuums (einer Familie, einer sozialen Gruppe usw.) in der Sozialstruktur und vertikalen Gliederung einer Gesellschaft entscheiden Besitz und Verfügung über gesellschaftlich relevantes Eigentum an Produktionsmitteln. Besitzende und Nichtbesitzende (in marxschen Begriffen: Bourgeoisie und Proletariat) stehen sich unversöhnlich (antagonistisch) gegenüber.

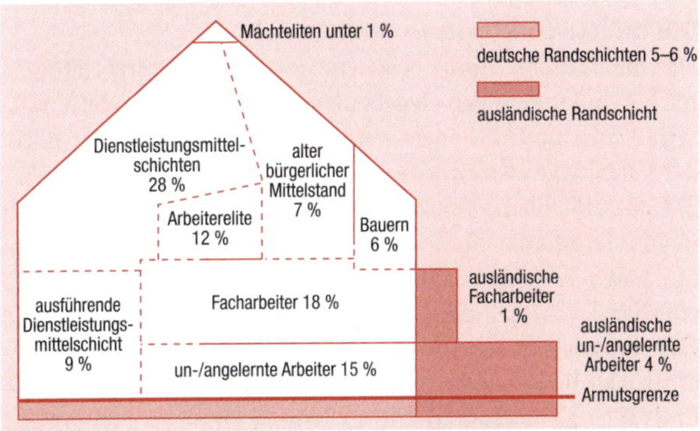

Soziale Schichtung der westdeutschen Bevölkerung in den 80er-Jahren

■ *Schichtungsgesellschaft:* Das auch heute noch gängige Modell der vertikalen Gliederung einer Gesellschaft. Die Differenzierung und Hierarchisierung von Personen und Personengruppen erfolgt nach folgenden ***sozialen Indikatoren***: Beruf, Einkommen, Bildung, Vermögen. Zu diesen objektiven Merkmalen kommt der subjektive Indikator Sozialprestige (soziale Wertschätzung). Diejenigen Individuen, die in der zusammenfassenden Bewertung ihrer sozialen Positionen und damit in ihrem sozialen Status als etwa gleichrangig angesehen werden, werden in eine bestimmte Schicht eingeordnet. Dass dieses vertikale Gliederungsmodell der Gesellschaft nach wie vor große Bedeutung hat, wird deutlich an der „Neuentdeckung" der „Unterschicht" sowie der darauffolgenden Flut soziologischer Veröffentlichungen. Der neu entwickelte soziologische Modebegriff zu dieser Diskussion lautet „Prekariat" – zusammengesetzt aus „Proletariat" (s. o.) und „prekären" (d. h. unsicheren und schlecht bezahlten) Lebens- und Berufsbedingungen.
Vorherrschend in der Schichtungstheorie ist die Auffassung von der ***Leistungsgesellschaft,*** in der begehrte soziale Positionen nicht nach Herkunft, Geburt oder Besitz, sondern nach Leistung und Eignung vergeben werden.

Die milieustrukturierte Gesellschaft

Der theoretische Ansatz: Klassen- und Schichtinterpretationen reichen unter heutigen Gegebenheiten nicht aus, sondern müssen ergänzt und verfeinert werden. Nach wie vor ist der Beruf der vorrangige Indikator für den gesellschaftlichen Status, aber der ausschließliche Blick auf Berufsstellungen und die damit mehr oder minder direkt verbundenen Lebensbedingungen gibt nur einen Teil der Realität wieder. Denn seit den 70er-Jahren wurden durch vermehrte wohlfahrtsstaatliche Aktivitäten, den Zustrom ausländischer Arbeitnehmer und das Aufkommen neuer sozialer Bewegungen (wie der Frauen-, Friedens-, Alternativ- und Ökologiebewegung) zahlreiche neue Dimensionen ***sozialer Ausdifferenzierung*** deutlich. Die wichtigsten unter ihnen sind:

soziale Sicherheit, Freizeit(-bedingungen), Wohn- und Umweltbedingungen, Arbeitsbedingungen, Zugangschancen zu staatlichen Transferleistungen und bereitgestellter Infrastruktur, Gesundheitsbedingungen, Kontakte und Integrationschancen. Alle ergänzen das Schichtenmodell, ohne es völlig zu ersetzen.

Neue Kriterien zur ***Statuszuweisung*** können die Kraft haben, gesellschaftliche Vor- und Nachteile zu verschaffen: das Geschlecht, das Alter, der Geburtenzeitraum (die Generation), die Nationalität, die Wohnregion, die Kinderzahl. Viele solcher ***horizontaler Ungleichheiten*** sind im öffentlichen Bewusstsein heute stärker verankert als die berufsnah-vertikalen. Z. B. werden heute mit Ungleichheiten zwischen Männern und Frauen oder zwischen In- und Ausländern Wahlkämpfe bestritten, mit Ungleichheiten zwischen Arbeitern, Angestellten, Beamten und Selbstständigen dagegen kaum.

Die Grafik zeigt dies exemplarisch. Nur in den vier links angeordneten Indikatoren gleichen sich beide Soziallagen. Die weiter rechts notierten Lebensbedingungen zeigen, dass große Unterschiede zwischen beiden Gruppen bestehen.

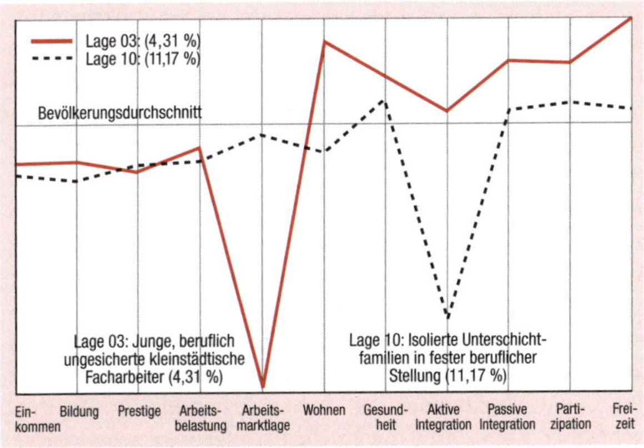

Zwei soziale Lagen in der Bundesrepublik

Die Ausdifferenzierung von Milieus

Soziologische Untersuchungen haben seit Beginn der 80er-Jahre eine ***Milieutypologie*** erarbeitet und diese durch empirisch repräsentative Studien abgesichert. Als Definitionskriterien für das jeweilige Milieu dienen erstens soziodemographische Merkmale, vor allem Statusmerkmale, zweitens grundlegende, die jeweiligen Lebensstile und -strategien bestimmende Wertorientierungen sowie drittens alltagsprägende Einstellungen.

Im Einzelnen gelten folgende Definitionskriterien:

- ***Sozialer Status:*** Schulbildung, Beruf, Einkommen
- ***Wertorientierungen:*** Lebensziele, materielle Werte, postmaterielle Werte, Vorstellungen vom Glück
- ***Alltag:*** Arbeits- und Freizeitmotive, Einstellungen zur Familie und Partnerschaft, Zukunftsvorstellungen, Lebensstile

Damit ergibt sich folgende Milieustruktur:

- ***Konservatives gehobenes Milieu:*** Elitebewusstsein; Bewahren gewachsener Strukturen und Konventionen; materiell und intellektuell gehobener Lebensstil; hohe Bildung; Ablehnung alles Oberflächlichen und Grellen; hohe Qualitätsansprüche und Stilsicherheit.
- ***Kleinbürgerliches Milieu:*** Festhalten an Sekundärtugenden wie Ordnung, Fleiß, Pflichterfüllung; Status-quo-Orientierung und Sicherung des Lebensstandards; überwiegend Hauptschulabschluss; viele kleine und mittlere Angestellte und Beamte; mittleres Einkommen; Bevorzugung zeitlos-gediegener Produkte.
- ***Traditionelles Arbeitermilieu:*** Sicherer Arbeitsplatz und soziale Integration bei Arbeitskollegen, Nachbarn, Vereinen usw.; befriedigender Lebensstandard; pragmatisch-nüchterne Weltsicht; Skepsis gegenüber Neuerungen.
- ***Traditionsloses Arbeitermilieu:*** Orientierung an den durchschnittlichen Konsumstandards; Träume von Luxus und Prestige; untere Einkommen bei hoher Arbeitsplatzunsicherheit, spontaner Konsumstil mit raschem Aufgreifen neuer Trends; geringe Zukunftsvoraussorge.

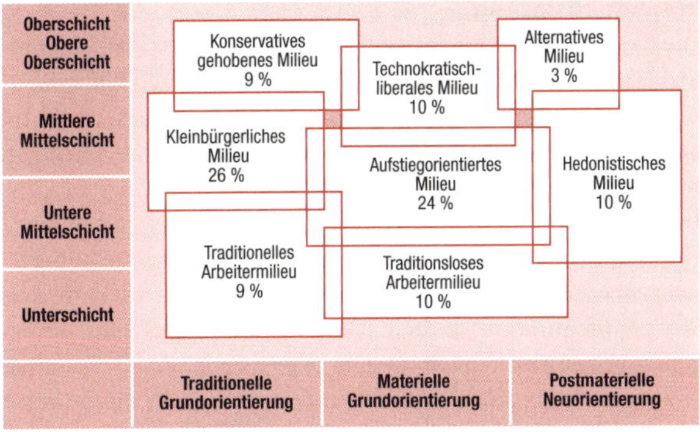

Milieustrukturen der Bundesrepublik

■ ***Neues Arbeitermilieu:*** Sich geistig/fachlich weiterentwickeln und leistungsbereit sein, dabei aber sich das Leben so angenehm wie möglich gestalten; Alterssschwerpunkt unter 25 Jahren; mittlere bis gehobene Einkommen, Doppelverdiener die Regel.

■ ***Aufstiegsorientiertes Milieu:*** Karriere als zentraler Lebensinhalt; Ansehen genießen bei großer Bedeutung von Statussymbolen; mittlere bis hohe Einkommen; Orientierung an den Standards gehobener Schichten.

■ ***Technokratisch-liberales Milieu:*** Gezielte Planung des eigenen Lebensglücks; Wunsch nach intensivem Leben bei Selbstverwirklichung; überdurchschnittlich hohe Einkommen.

■ ***Hedonistisches Milieu:*** Demonstrative Ablehnung von Sicherheitswerten und Sekundärtugenden; radikaler Individualismus bei Abwehr jeglicher Konvention; Freiheit und Spontaneität als zentrale Werte; überdurchschnittlich hohes Einkommen.

■ ***Alternatives Milieu:*** Ablehnung von Äußerlichkeitswerten, Selbstverwirklichung jenseits materieller Standards; intensive zwischenmenschliche Beziehungen bei reger Teilnahme am politischen und kulturellen Leben; umweltbewusste Lebensführung; Streben nach Authentizität („Echtheit“).

Individualisierung

Die Gesellschaft ist bis etwa zur Mitte des 20. Jh.s (evtl. sogar bis in die 60er-Jahre) in weiten Bereichen geprägt durch ***Rollenidentitäten***, d. h. normative Orientierungsschemata. Was „man" tut und lässt, das wird zu einem guten Teil von der sozialen Realität, in die man hineingeboren wurde, bestimmt.

Dieses Hineinwachsen in relativ feste Verhaltensmuster hatte einerseits einengenden, repressiven Charakter, wirkte andererseits aber auch psychisch stabilisierend, wie dies jede Form ***kollektiver Identität*** durch die Entlastung des eigenen Ichs, der eigenen Verantwortlichkeit tut. Die „Konsistenz" der Gesellschaft – Voraussetzung für das oben Skizzierte – ist in dieser Form heute nicht mehr vorhanden – im Gegenteil, das beherrschende Schlagwort der „Postmoderne" lautet (neudeutsch) „anything goes". Menschliche Beziehungen fallen auseinander in unterschiedliche Handlungssysteme, in denen z. T. völlig verschiedene Regeln gelten (Familie, Arbeitsplatz, Peergroup usw.).

Empirische Untersuchungen haben gezeigt, dass der Erwachsenenstatus von Jugendlichen immer weniger als „erstrebenswert" angesehen wird. Auch die Erwachsenen der 90er-Jahre fühlen sich nach eigener Einschätzung der heutigen Jugendgeneration viel näher als ihrer eigenen Jugendzeit in den 50ern.

Das zeigt: Die strikte Abtrennung der drei Phasen Kindheit/Jugend + Ausbildung – Erwachsensein + Beruf – Alter + Rente ist in dieser Form heute nicht mehr gültig. Identitätskrisen, Neuorientierungen, Ein- und Umbrüche der eigenen Berufs- und Privatbiografie sind nichts Außergewöhnliches mehr. Konsistente Lebensentwürfe ohne Widersprüche gibt es nur noch für gewisse Lebenszeiträume und nicht mehr für das „ganze Leben"; diese Phasen werden unterbrochen durch Such- oder Verunsicherungsphasen, die häufig verbunden sind mit mehr oder weniger radikalen Neuorientierungen (***Patchwork-Biografie***). Identität bezeichnet folglich keine Eigenschaft des Subjekts mehr, sondern eine Leistung. Sie setzt die fehlende gesellschaftliche Einheitlichkeit als Bedingung ihrer Möglichkeit voraus.

Der einzelne Mensch wird zunehmend zur hauptsächlichen Planungsinstanz für die je eigene Biografie. Die Konsequenzen dieses Wandels werden deutlich in den im Folgenden skizzierten soziologischen Gesellschaftsanalysen der Weltrisikogesellschaft und der Informationsgesellschaft.

Die Weltrisikogesellschaft

Der Begriff „Weltrisikogesellschaft" wurde von dem Soziologen Ulrich Beck geprägt, der dessen grundsätzlichen Konturen bereits Mitte der 1980er-Jahre – vor der Globalisierungsdebatte – in dem Buch „Risikogesellschaft" herausgearbeitet hat. Die Risikogesellschaft ist durch folgende Merkmale definiert:

- Die industrielle Produktion geht systematisch einher mit der gesellschaftlichen Produktion von Risiken.
- Die sozialen Konflikte der Mangelgesellschaften werden von Problemen und Konflikten überlagert, die aus der Produktion, Definition und Verteilung wissenschaftlich-technisch produzierter Risiken entstehen.
- Im Zuge der exponentiell wachsenden Produktivkräfte werden Selbstbedrohungspotenziale in einem bis dahin unbekannten Ausmaße freigesetzt.
- Der „Kampf um das tägliche Brot" verliert (zumindest in den reichen Industrieländern) die Dringlichkeit eines alles in den Schatten stellenden Kardinalproblems.
- Dem Modernisierungsprozess wird damit seine bisherige Legitimation entzogen: die Bekämpfung von Mangel, wofür man auch Nebenfolgen in Kauf zu nehmen bereit war.
- Die Risiken, die alle bedrohen, geraten zunehmend in den Blick einer kritischen Öffentlichkeit: „Not ist hierarchisch, Smog ist demokratisch".
- Damit verschieben sich die Grenzen von „Politik" und „Nichtpolitik". Ehemals eher unpolitische Bereiche wie z. B. das Baurecht werden etwa beim Bau von Atomkraftwerken plötzlich eminent politisch und zum Gegenstand öffentlicher Auseinandersetzungen auch z. B. der Parteien.

Gerade der letzte Gesichtspunkt ist von besonderer Bedeutung: Angesichts der globalen Selbstbedrohungspotenziale wird die öffentliche Wahrnehmung von Risiken ebenso politisiert wie die bisher eher apolitische Entscheidungsfindung hinter den verschlossenen Türen der Industrie (und allenfalls der Verwaltungsbehörden). Ökonomische Investitionen, wissenschaftliche Forschungsprogramme, die Zusammensetzung von Produkten und Medikamenten – das alles wird zum Gegenstand öffentlicher, institutioneller Debatten und politisch begründeter Rechtfertigung, da einmal getroffene Entscheidungen weitreichende Folgen haben (können).

Im Deutschen Bundestag beispielsweise wird in öffentlicher Debatte und Abstimmung über ein so komplexes wissenschaftliches Problem wie die Stammzellenforschung entschieden: Die Konsequenzen der ***Gentechnik*** sind noch nicht überschaubar, vor allem für zukünftige Generationen. Dieser Aspekt macht die öffentliche, politische Erörterung zwingend notwendig.

So entwickelt sich global eine selbstkritische Gegenöffentlichkeit gegen die unbedenklichen Protagonisten des technologischen Fortschritts. Diese ist nicht mehr bereit, das „Restrisiko“ zu akzeptieren, wie das noch 1986 der damalige deutsche Bundeskanzler Helmut Kohl angesichts des Tschernobyl-Desasters so umstandslos propagierte.

Die theoretische Konstruktion „Weltrisikogesellschaft“ aber geht noch einen guten Schritt weiter: Ein Risiko ist *per definitionem* etwas, was in der Zukunft liegt, also etwas, das passieren könnte (aber nicht muss), und nicht etwas, das schon geschehen ist. Die Risikogesellschaft wäre daher eine Gesellschaft, in der über Konsequenzen technischer oder ökonomischer Entscheidungen debattiert wird, bevor diese gefällt werden!

Die Beweislast zur Vermeidung zukünftiger Risiken und Gefahren würde bei den Befürwortern der geplanten technischen Innovation liegen. Allgemein akzeptierte Risiko-Definitionen könnten so etwas wie eine „Peitsche“ sein, mit der die Gesellschaft sich selbst in ihren Zentren aktiviert und politisiert.

Heute ist es sehr häufig genau umgekehrt: Zunächst werden die Entscheidungen getroffen, dann in die Tat umgesetzt und erst dann, wenn die viel beschworenen „Sachzwänge" bereits existieren, wird eine Debatte über mögliche Konsequenzen angezettelt. Der Bau von einigen Dutzend Atomkraftwerken ohne ein Entsorgungskonzept ist ein Beispiel für eine solche Vorgehensweise – nun ist der Müll da und strahlt noch einige tausend Jahre, und niemand weiß heute, wohin damit. Die Sicherungs- und Lagerkosten tragen natürlich nicht die Erzeuger, sondern die Steuerzahler.

In Becks Utopie verlöre die Vergangenheit ihre bestimmende Kraft über die Gegenwart, an ihre Stelle träte eine ökologische Demokratie, in der über das gestritten wird, was eintreten könnte, wenn nicht sofort gehandelt wird. Natürlich würde eine solche Gesellschaft grundsätzlich neue Definitionen für ein neues gesetzliches Regelsystem erfordern, dem der Grundgedanke der Umkehrung der bisherigen Beweislast zugrunde liegt: Nicht mehr die potenziell Betroffenen müssten den Verursachern die Gefährlichkeit ihrer Produkte oder Konzepte nachweisen, sondern umgekehrt. Die Produzenten müssten die Ungefährlichkeit schlüssig beweisen und auch die grundsätzliche Haftung übernehmen.

Als gegensätzliche Spielart des Modells Risikogesellschaft sehen viele die Globalisierung – zumindest wenn sie als Inszenierung von Drohungen der Global Player daherkommt. Wenn man z. B. aufmerksam in den deutschen Blätterwald hineinhorcht, wird deutlich, dass das „könnte", „müsste", „wenn dann" regiert. Die angedrohte Auslagerung von Arbeitsplätzen in ***Niedriglohnländer*** hat z. B. bisher kaum stattgefunden, wie Statistiken eindeutig belegen. In den Hochlohnländern „funktioniert" aber die Drohung mit dieser Auslagerung, das öffentliche Gerede darüber, die Mahnungen der Auguren, selbst die Schreckensszenarien, die die Globalisierungsgegner verbreiten. Das alles schürt Angst bei Bürgern, aber auch bei Politikern und Gewerkschaftlern und verführt zum „voreiligen Gehorsam".

Die Informationsgesellschaft

Informationen werden in Zukunft neben Materie und Energie als der dritte Grundstoff begriffen werden, aus dem die Welt besteht und der zunehmend an Bedeutung gewinnt. Informationen werden das Leben des modernen Menschen stärker beeinflussen als alles andere und die Gesellschaft schneller verändern als je zuvor, mit dreifacher Wirkung als Produktionsfaktor, Konsumgut und Kontrollmittel.

- ***Produktionsfaktor:*** Als wichtigste Zukunftsressource werden die Informationen als Faktor in Gestalt technologischen Wissens und der Verwissenschaftlichung der Gesellschaft mit Herrschaft verbunden.
- ***Konsumgut:*** Vornehmlich in Bildform und mit dem von Kulturkritikern beklagten Verschwinden der Lesekultur in Verbindung gebracht.
- ***Kontrollmittel:*** Mithilfe umfangreicher maschinenlesbarer Verzeichnisse können personenbezogene Angaben (Einzeldaten im Datenverbund für ***Persönlichkeitsprofile***) problemlos von Kontrollinstanzen bewältigt werden (Alptraum vom gläsernen Menschen).

Die sozialen Schichten werden sich im Zuge der Durchsetzung der Informationsgesellschaft verschieben:

- Zur Oberschicht wird gehören, wer in der Lage ist, sich Informationen schnell verfügbar zu machen und sie optimal zu bewerten. Zum Proletariat der Informationsgesellschaft wird gehören, wer dem Informationsgewitter lediglich ausgesetzt ist, Herkunft und Zustandekommen von Nachrichten nicht durchschaut und Medien vor allem zur Unterhaltung nutzt.
- Gesellschaftliche Macht wird sich von der Politik zu den Medien verlagern. Die Medienentwicklung verringert die Bedeutung von Politikern als Mittler zwischen Individuen und weltlicher Macht.
- Die Bedeutung nationaler Souveränität und Kultur wird abnehmen, Grenzen zwischen Staaten werden durchlässig.

Wirtschafts- und sozialstaatliche Konzepte

2.1 Grundüberlegungen des Liberalismus und des Keynesianismus

Liberalismus

Als „Klassiker" der Volkswirtschaftslehre bezeichnet man eine Reihe von Ökonomen, die gegen Ende des 18. Jh.s die Wirtschaftswissenschaft zum Range einer selbstständigen wissenschaftlichen Disziplin entwickelt haben: Adam Smith (1723–1790) und David Ricardo (1772–1823) als Hauptvertreter, daneben Thomas Robert Malthus (1766–1834), Jean Baptiste Say (1767–1832) und John Stuart Mill (1806–1873).
Das revolutionär Neue an A. Smith' Konzept war, dass er für dessen Realisierung nicht einen neuen, „besseren" Menschen zur Voraussetzung machte. Sondern er begriff im Gegenteil die real existierenden Individuen mit ihren egoistischen Partikularinteressen als notwendigen Ausgangspunkt seiner Theorie.
Wenn die Menschen nur ihren eigenen wirtschaftlichen Interessen nachgehen und in freier Konkurrenz auf den Märkten miteinander in Beziehung treten, werden sie nach seiner Auffassung „automatisch" und von einer „unsichtbaren Hand" hinter ihrem Rücken zum Wohle der Gesamtheit beitragen. Da jeder Einzelne sich bemüht, sein eigenes Kapital möglichst Gewinn bringend einzusetzen, sorgen die Marktmechanismen dafür, dass sich die natürliche Ordnung einer sozial harmonischen Gesellschaft einstellt. Smith sieht hierin ein objektives Gesetz.
Das Menschenbild des freien Individuums bildet die Grundlage des Liberalismus – der Mensch ist frei

- von Sklaverei, Leibeigenschaft und staatlicher Willkür
- und frei zum selbstständigen und eigenverantwortlichen Handeln nach selbstgewählten Maximen.

Die wirtschaftspolitische Aufgabe des Staates besteht in der Schaffung von Bedingungen, die das individuelle Wirtschaften fördern, nämlich

- nach innen Schaffung und Unterhaltung von öffentlichen Infrastruktur-Einrichtungen,
- die Aufrechterhaltung der Rechtsordnung (Schutz des Privateigentums) und die Sicherung der Individualrechte
- und nach außen die Erhaltung der militärischen Verteidigungsbereitschaft.

Der Staat soll sich soweit wie möglich wirtschaftlicher Aktivität enthalten. Staatliche Eingriffe verhindern eine optimale Entfaltung der Wirtschaftskräfte. Smith sieht das marktwirtschaftliche System als ein quasi naturgesetzliches System, das optimal funktioniert und daher nicht infrage gestellt werden darf.

Die Grundsätze der liberalen Wirtschaftstheoretiker lassen sich in vier Prinzipien zusammenfassen:

- Alleiniger Akteur ist das Individuum (und nicht der Staat). Jeder Mensch hat das Recht auf „Versuch und Irrtum“ und entscheidet selbstständig über seine Aktivitäten.
- Das Individuum ist selbst verantwortlich für die Konsequenzen seines Tuns (Haftungsprinzip).
- Gelenkt werden alle Menschen von ökonomisch-rationalen Entscheidungen mit dem Ziel, die eigene Situation zu optimieren, d. h., sich möglichst viele materielle Ressourcen zu sichern.
- Freie Konkurrenz ist die Voraussetzung für das Funktionieren des Gesamtsystems.

Keynesianismus

Die liberalistische Vorstellung eines quasi naturgesetzlichen ökonomischen Gleichgewichts wurde von der Weltwirtschaftskrise in aller Deutlichkeit widerlegt. So betrug in Deutschland 1931/32 die Arbeitslosenquote rund 33 %. Die liberalistische

Wirtschaftstheorie stand dieser Tatsache hilflos gegenüber; ihren Annahmen zufolge konnte Arbeitslosigkeit immer nur eine vorübergehende Erscheinung sein.
Keynes forderte energisch das aktive Eingreifen des Staates in die wirtschaftlichen Vorgänge und begründete diesen grundsätzlichen Paradigmenwechsel theoretisch. Während im Mittelpunkt der liberalistischen Wirtschaftstheorie das einzelne Unternehmen und der einzelne Arbeiterhaushalt standen, entwickelte Keynes mit seinen Mitarbeitern eine neue Theorie, die in der Lage war, die anhaltende Millionenarbeitslosigkeit zu erklären. Er stellte dem mikroökonomischen betriebswirtschaftlichen Standpunkt einen makroökonomischen, gesamt- oder volkswirtschaftlichen Standpunkt entgegen: Was geschieht, wenn alle Unternehmen eines gegebenen Wirtschaftskreislaufes aufgrund bestehender Arbeitslosigkeit und hoher Konkurrenz auf dem Arbeitsmarkt in die Lage versetzt werden, die Löhne herabzusetzen? Dann werden auch die Einkommen der privaten Haushalte sinken – und damit die gesamtwirtschaftliche Konsumnachfrage. Das müsste die Krise aber noch weiter verschlimmern, denn ein Unternehmer stellt auch bei sinkenden Löhnen so lange keine neuen Arbeitskräfte ein, wie die Nachfrage nach seinen Produkten unbefriedigend ist. Makro-ökonomisch betrachtet hängt also die Beschäftigung vor allem von der ***Gesamtnachfrage*** und diese wiederum vom Volkseinkommen ab.
Die entscheidende Frage lautet also: Wie kann die gesamtwirtschaftliche Nachfrage wieder auf das Niveau gehoben werden, welches die Vollbeschäftigung sichert? Der zentrale Gedanke von Keynes ist, dass der Staat zusätzliche Nachfrage schaffen muss, indem er z. B. Arbeitsplätze schafft oder als Nachfrager in bestimmten Branchen auftritt. Zu diesem Zweck muss der Staat vorübergehend Haushaltsdefizite in Kauf nehmen ***(deficit spending).*** Der Wirtschaftsprozess wird damit wieder in Schwung gebracht und die Steuereinnahmen werden wieder steigen, sodass die aufgelaufenen Schulden in der nächsten Prosperitätsphase getilgt werden können. Dies war in den 30er-Jahren ein

revolutionärer Vorschlag, der Keynes für den Rest seines Lebens die harsche Kritik sämtlicher liberaler Wirtschaftstheoretiker eingebracht hat. Bisher hatte der Grundsatz gegolten, dass der Staatshaushalt ausgeglichen sein müsse und der Staat sich wie ein ordentlicher privater Haushalt auf keinen Fall verschulden dürfe. Genau darauf aber bestand Keynes. Wenn der Staat seine Nachfrage entsprechend seinen sinkenden Steuereinnahmen drosseln würde, dann werde der Abschwungprozess zwangsläufig verstärkt und die Krise noch auswegloser. Der Staat muss daher antizyklisch agieren und permanent steuernd in den Wirtschaftsprozess eingreifen. Alle staatlichen Organe sollen verpflichtet werden, die wirtschaftlichen Vorgänge im Sinne des Ziels der Vollbeschäftigung zu steuern – unter grundsätzlicher Beibehaltung des Privateigentums an Produktionsmitteln und des Leistungsprinzips.

2.2 Das Konzept der Sozialen Marktwirtschaft

Grundüberlegung ist, dass der Markt zwar das am besten geeignete Instrument zur Regelung des Wirtschaftsprozesses sei, der Marktmechanismus aber durch zwei Elemente ergänzt werden müsse:

- eine vom Staat durchgesetzte und gesicherte Wettbewerbsordnung und ***Monopolisierungskontrolle*** (durch das Bundeskartellamt mit Sitz in Bonn), die Konzentrationsprozesse und Zusammenballungen wirtschaftlicher Macht wirksam verhindern würde, und
- eine staatliche Sozialordnung, die ein Mindestmaß an sozialer Gerechtigkeit verwirklichen sollte.

Die Ausgestaltung einer solchen Ordnung wurde von den Professoren Müller Armack (der den Begriff „Soziale Marktwirtschaft" prägte), Rüstow und Röpke konzeptionell entworfen und von Ludwig Erhard (1949–1963 Wirtschaftsminister, 1963–1966 Bundeskanzler) politisch durchgesetzt.

Konstituierende Prinzipien	Regulierende Prinzipien
Herstellung eines funktionierenden Preissystems vollkommener Konkurrenz	Kontrolle der Monopolbildung
Währungsstabilität	Verteilung des Sozialprodukts nach individueller Leistung
Offenheit der Märkte	Korrektur anomalen Verhaltens auf Teilmärkten, z. B. durch Mindestlöhne oder Mindestpreise
Vertragsfreiheit	
Privateigentum an Produktionsmitteln	

Die Soziale Marktwirtschaft wird von ihren Initiatoren als „Dritter Weg“ angesehen, der der staatlichen Sozial- und Marktpolitik die Aufgaben zuweist, die Schwachen zu schützen, Macht zu begrenzen, Spielregeln zu setzen und deren Einhaltung durchzusetzen. Die Zielkombination von Freiheit und Gerechtigkeit gibt der Begriff Soziale Marktwirtschaft wieder: Marktwirtschaft steht für wirtschaftliche Freiheit. Sie besteht

- in der Freiheit der Verbraucher, Güter nach beliebiger Wahl zu kaufen (Konsumfreiheit),
- in der Freiheit der Produktionsmitteleigentümer, ihre Arbeitskraft, ihr Geld, ihre Sachgüter und unternehmerischen Fähigkeiten nach eigener Wahl einzusetzen (Gewerbefreiheit, Freiheit der Berufs- und Arbeitsplatzwahl, Freiheit der Eigentumsnutzung),
- in der Freiheit der Unternehmer, Güter eigener Wahl zu produzieren und abzusetzen (Produktions- und Handelsfreiheit)
- und in der Freiheit jedes Käufers und Verkäufers von Gütern oder Leistungen, sich neben anderen um das gleiche Ziel zu bemühen (Wettbewerbsfreiheit).

Das Attribut „sozial“ soll zum Ausdruck bringen, dass die Marktwirtschaft allein wegen ihrer wirtschaftlichen Leistungsfähigkeit die Voraussetzungen eines „Wohlstands für alle“ schafft und daher einen sozialen Charakter trägt. Sie soll aber aus sozialen Gründen dort beschränkt werden, wo sie sozial unerwünschte Ergebnisse hervorbringt.

Die erste Konjunkturkrise der Nachkriegszeit führte 1966 zu Innovationen: Die Konzeption der Globalsteuerung – die im „Stabilitäts- und Wachstumsgesetz“ von 1967 ihren formalen Niederschlag fand – bildete den Entwurf eines neuen Ansatzes in der Wirtschaftspolitik. Seither hat der Staat die gesetzliche Pflicht, regelnd in den Wirtschaftsprozess einzugreifen.

> Das Stabilitäts- und Wachstumsgesetz (1967)
> § 1: „Bund und Länder haben bei ihren wirtschafts- und finanzpolitischen Maßnahmen die Erfordernisse des gesamtwirtschaftlichen Gleichgewichts zu beachten. Die Maßnahmen sind so zu treffen, dass sie im Rahmen der marktwirtschaftlichen Ordnung gleichzeitig zur Stabilität des Preisniveaus, zu einem hohen Beschäftigungsstand und außenwirtschaftlichem Gleichgewicht bei stetigem und angemessenem Wirtschaftswachstum beitragen.“

Das ***Stabilitätsgesetz*** ermächtigt die Bundesregierung ausdrücklich zu folgenden Maßnahmen:
Bei Hochkonjunktur

- Heraufsetzung der Einkommens- und Körperschaftssteuer um 10 % für längstens 1 Jahr,
- Beschränkung von Abschreibungsmöglichkeiten,
- Stilllegung von Staatseinnahmen bei der Bundesbank (Konjunkturausgleichsrücklage).

Bei einer Rezession

- Herabsetzung der Einkommens- und Körperschaftssteuer um 10 % für längstens 1 Jahr,
- Gewährung eines Investitionsbonus von bis zu 7,5 % der Steuerschuld,
- Finanzierung zusätzlicher Ausgaben aus der Konjunkturausgleichsrücklage und/oder durch zusätzliche Kredite.

Auf liberalistischer Seite bestanden (und bestehen bis heute) große Vorbehalte gegen eine bewusste antizyklische Finanzpolitik. Die erste Nachkriegsrezession brachte unter der Ägide Karl Schillers (SPD, 1966–1971 Wirtschafts-, ab 1971 auch Finanzminister) aber den Durchbruch für eine aktive Finanzpolitik. Diese sollte – flankiert durch die Geldpolitik – die Hauptlast der Stabilisierungspolitik tragen und wurde als „Globalsteuerung" bezeichnet.

Laut dieser Konzeption sollen die mikroökonomischen Größen (insbesondere die Preisbildung) der Marktkoordinierung und dem Wettbewerb überlassen bleiben. Die makroökonomischen Größen dagegen (also z. B. die Komponenten der gesamtwirtschaftlichen Nachfrage) sollen durch eine globale ***Konjunktursteuerung*** im Gleichgewicht gehalten werden.

Die Instrumente der Globalsteuerung müssen insbesondere folgendes Hauptkriterium erfüllen: den Mechanismus der Selbst-

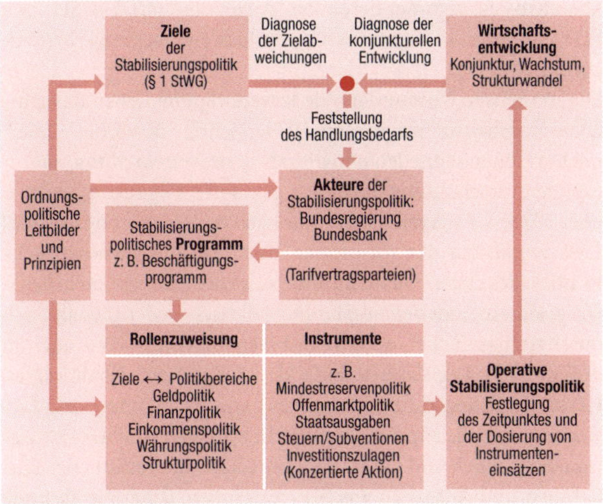

Das Konzept der Globalsteuerung im Überblick

steuerung im mikroökonomischen Bereich nicht tangieren, also nicht direkt in den Preisbildungsprozess eingreifen.
Die Globalsteuerung richtet sich daher primär auf die Beeinflussung der Nachfragekomponenten. Die Schwankungen der privaten Investitions- und Konsumnachfrage sollten durch entgegengerichtete Schwankungen der staatlichen Nachfrage ausgeglichen werden.
Die Krise von 1966/67 wurde mit diesem Konzept problemlos und gründlich überwunden, in den 70er-Jahren aber wurde der Preis für die an Keynes angelehnte Wirtschaftspolitik – die rasch steigende Staatsverschuldung – im Bewusstsein der Öffentlichkeit deutlich. Hinzu kommt die seit Mitte der 1970er-Jahre bestehende „Sockelarbeitslosigkeit" von zunächst 1 und mittlerweile rund 5 Mio. Menschen. Damit war der geplante Abbau des Staatsdefizits endgültig unmöglich geworden. Die zentrale Wirtschafts- und ordnungspolitische Kontroverse ist daher seit Beginn der 70er-Jahre bis zum Jahrtausendende die zwischen den liberalistisch argumentierenden Angebots- (CDU/CSU und FDP) und den keynesianisch beeinflussten Nachfragetheoretikern (SPD).
Die immensen Kosten der Wiedervereinigung ließen das jährliche Haushaltsdefizit in den 1990er-Jahren in vorher nie erreichte Höhen schnellen und die jährliche ***Nettokreditaufnahme*** (die Neuverschuldung abzüglich getätigter Tilgungen) auf z. T. über 30 Mrd. € steigen. Daher war nach dem Regierungswechsel 1998 zugunsten der rot-grünen Koalition die keynesianische Position des ersten Finanzministers Lafontaine nicht mehrheitsfähig, ein erneutes ***deficit spending*** politisch weder gewollt noch durchsetzbar. Eichel, der zweite Finanzminister, setzte auch in der zweiten Legislaturperiode der rot-grünen Koalition ab Herbst 2002 gegen den Widerstand von Parteilinken und Gewerkschaften die angebotsorientierte Wirtschaftspolitik fort, das Haushaltsdefizit und die Staatsquote (den Anteil staatlicher Einnahmen und Ausgaben am BIP) zu senken. Auch die ab Ende 2005 regierende Große Koalition sah ihre wirtschaftspolitische

Gegenüberstellung von Angebots- und Nachfragesteuerung	
Angebotssteuerung	***Nachfragesteuerung***
■ Grundüberlegung: Die Rentabilität der Produktion bestimmt die Konjunktur	■ Grundüberlegung: Die Gesamtnachfrage bestimmt die Konjunktur
■ Diagnose: Investitionsbereitschaft der Unternehmer ist abhängig von der Gewinnerwartung und der Kapitalrentabilität	■ Diagnose: Wesentlich hängen die Gewinnchancen der Untemehmer von der Konsumneigung der Bevölkerung ab
■ Therapie: Senkung der Produktionskosten durch: – steuerliche Entlastung der Unternehmen – Verbesserung der Abschreibungsmöglichkeiten – Senkung der Produktionsrisiken durch staatliche Bürgschaften – Verringerung der Lohnnebenkosten	■ Therapie: Ausweitung der staatlichen Nachfrage durch: – staatliche Konjunktur- und Beschäftigungsprogramme – steuerliche Entlastung der Haushalte zur Hebung der Massenkaufkraft – Umverteilung des Volkseinkommens von oben nach unten – Verringerung der Lohnnebenkosten
■ Tarifparteien: – Lohnzurückhaltung (unter Produktivitätssteigerung) – differenzierte Lohnstrukturen unter Aufgabe der Flächentarifverträge	■ Tarifparteien: – Produktivitäts- und umverteilungsorientierte Lohnpolitik
■ Absicht: – Ertragskraft der Unternehmen wird gestärkt – dadurch mehr (innovative) Investitionen – Steigerung des BIP	■ Absicht: – mehr Beschäftigung in den staatlich geförderten Branchen – dadurch höheres Einkommen – mehr Konsumnachfrage in den anderen Branchen – mehr Produktion in diesen Branchen – Steigerung des Wirtschaftswachstums

Hauptaufgabe in der Reduzierung der Staatschulden. Sie agierte im Wesentlichen pragmatisch, also ohne ideologische Blicke auf die beiden Theoriekonzepte, obwohl der Finanzminister der SPD und der Wirtschaftsminister der CSU angehörte.

Die weltweite Wirtschaftskrise, die im Sommer 2008 mit dem Immobiliencrash in den USA begann, hat keynesianische Vorstellungen wieder populär gemacht: Weltweit wurden Konjunkturprogramme aufgelegt und milliardenschwere „Rettungsschirme“ aufgespannt, um Finanzklemmen zu beseitigen.

2.3 Das Magische Viereck

Die vier Ziele des Magischen Vierecks werden in § 1 des StWG genannt:

- stetiges und angemessenes Wirtschaftswachstum
- Geldwertstabilität
- geringe Arbeitslosigkeit
- außenwirtschaftliches Gleichgewicht

Das Stabilitätsgesetz macht keine Angaben über die Rangordnung der anzustrebenden Ziele ***(Zielprioritäten)***. Allenfalls legt die Formulierung nahe, dass das Wachstumsziel eher als Sekundärziel (als Voraussetzung zur Erreichung der Primärziele Preisniveaustabilität und hoher Beschäftigungsstand) aufgefasst wird, dass im Übrigen aber alle Ziele als gleichrangig betrachtet werden. Die EZB allerdings hat eine klare Priorität (↗ S. 96).
Das verweist auf das generelle Problem, dass sich über die Bewertung wirtschaftspolitischer und erst recht gesellschaftspolitischer Ziele nur sehr begrenzt wissenschaftliche Aussagen machen lassen, da solche Ziele mit Werturteilen verknüpft sind. Werturteile lassen sich in aller Regel nicht wissenschaftlich begründen, sie können durch Fakten kaum widerlegt werden, da sie aus persönlichen Einstellungen erwachsen. Die in der Realität vorkommenden Werturteile können festgestellt, ihre Entstehungsgeschichte untersucht und ihr Einfluss auf die Realität analysiert werden. Solche Untersuchungen können dazu beitragen, die öffentliche Diskussion über gesellschafts- und wirtschaftspolitische Ziele zu versachlichen und Tabus abzubauen. Alternative Ziel-Mittel-Systeme können entwickelt und zur öffentlichen Diskussion gestellt werden. Häufig wird erst dadurch eine realitätsbezogene Zieldiskussion ermöglicht, da man über einige Ziele und Zielbündel erst etwas aussagen kann, wenn man die Konsequenzen kennt. Bei der Analyse der Konsequenzen können insbesondere Nebenwirkungen erkannt und im Hinblick auf die mögliche Verletzung von Zielen beurteilt werden.

Uneinigkeit herrscht in der Volkswirtschaftslehre auch darüber, ob sich alle Ziele des Magischen Vierecks gleichzeitig und konfliktfrei erreichen lassen können (daher auch das Wort „magisch" = nur durch Wunderkraft realisierbar).

Grundsätzlich lassen sich folgende Beziehungen unterscheiden:

- ***Komplementarität:*** Die Verfolgung eines Ziels führt gleichzeitig zur Annäherung an ein anderes/die anderen.
- ***Inkompatibilität:*** Zielkonflikt – die Erreichung des einen Ziels behindert die des anderen/der anderen.
- ***Neutralität:*** Die Förderung des einen Ziels beeinflusst weder negativ noch positiv die des/der anderen.

Die Ziele Wachstum und Vollbeschäftigung erscheinen miteinander komplementär, da jedes positive Wirtschaftswachstum – zumindest grundsätzlich – zur zusätzlichen Nachfrage von Arbeitskräften führt. Die Beziehung zwischen Vollbeschäftigung und Preisniveaustabilität gilt als typischer Fall eines Zielkonfliktes, da Vollbeschäftigung auch immer starke (Konsumgüter-) Nachfrage bedeutet und damit potenziell inflationär wirkt. Der Außenbeitrag ist neutral zu den anderen Zielen und zeigt die Abhängigkeit der nationalen Wirtschaft vom Außenhandel.

Das Stabilitätsgesetz nennt die vier Ziele zwar, gibt aber keine Idealwerte vor, an denen zweifelsfrei abzulesen wäre, ob die Ziele in einem gegebenen Jahr idealtypisch erreicht worden sind oder nicht. Grobe Abweichungen von Begriffen wie „stetig" oder „gering" sind zwar eindeutig identifizierbar, wie etwa Millionen Arbeitslose, Inflationsraten im zweistelligen Prozentbereich oder negative Wachstumsraten, aber ebenso unbestritten ist, dass es in einer Marktwirtschaft immer eine bestimmte Zahl von Arbeitslosen geben wird oder der Geldwert nicht hundertprozentig stabil bleiben kann.

Es besteht daher die Notwendigkeit, die gesetzlichen Zielformulierungen zu konkretisieren und zu operationalisieren. Dies erfordert zunächst die Festlegung eines empirisch überprüfbaren Indikators, an dem sich zweifelsfrei absolute Zahlen und die daraus folgenden Quotienten ablesen lassen.

Der zweite Schritt der Operationalisierung, die Festlegung einer quantitativ definierten Zahl, erweist sich als problematisch. Was ist eine „geringe“ Arbeitslosenquote? Welche Zunahme des Bruttoinlandsproduktes ist „angemessen“? usw. Soll sich die Zielgröße am Wünschbaren oder am Realisierbaren orientieren? Gibt es Einigkeit oder Konflikte darüber, was realisierbar ist? Um dieses Problem zu lösen, gibt die Bundesregierung in ihrem Jahreswirtschaftsbericht zu Jahresbeginn die wünschenswerten und erreichbaren Zielwerte bekannt.

In der Tabelle ist dies an ausgesuchten Jahren verdeutlicht. In Klammern stehen jeweils die tatsächlich erreichten Werte.

	Wachstumsrate des BSP / BIP		Inflations-rate		Arbeitslosen-quote		Außen-beitrag	
1967	4	(–0,1)	1	(1,7)	0,8	(2,1)	1	(3,5)
1969	4,5	(7,5)	2	(1,9)	1	(0,8)	2,2	(2,9)
1982	1–1,5	(–1,0)	5	(5,3)	7	(7,5)	3	(2,3)
1986	3	(2,5)	1,5-2	(–0,2)	8,5	(9)	4	(5,7)
1993	0–1	(2,5)	3,5	(2)	7–7,5	(9,8)		

(alle Angaben in %)

Zielvorgaben und erreichte Werte

2.4 Konzepte zur Konjunktursteuerung

Monetarismus

Alleiniger Akteur sämtlicher monetaristischer Maßnahmen ist die Europäische Zentralbank. Bei der Erfüllung ihrer Aufgaben ist sie völlig unabhängig von der Politik (Prinzip der Weisungsunabhängigkeit: Art. 103 WWU-Vertrag) und sie ist dem Primat der Preisstabilität verpflichtet.

Grundsätzliche Aufgaben einer zentralen Notenbank

Die zentrale Notenbank ist Träger der Geldpolitik. Sie soll im Rahmen der ihr zustehenden Befugnisse die Währung durch Regelung des *Bargeldumlaufes* und die Kreditversorgung der

Akteure	Legitimation
Die EZB und die zentralen Notenbanken der Nationalstaaten	EZB-Gesetz der EU sowie die entsprechenden nationalen Gesetze
EU-Kommission und -Rat	Amsterdamer Vertrag
Bundestag und Bundesregierung	Grundgesetz
Länderparlamente und -regierungen	Länderverfassungen
Kommunale Parlamente und Regierungen	Grundgesetz und Kommunalverfassungen
Berufsständische Verbände (z. B. Gewerkschaften und Arbeitgeberverbände)	Gesellschaftliche Macht
Medien (Zeitung, Rundfunk, Fernsehen, Internet)	Gesellschaftliche Macht
NGOs wie Greenpeace oder Amnesty International	Moralische Macht
Interessenverbände wie z. B. der „Sozialverband VdK Deutschland"	Moralische Macht

Wirtschaft sichern und für ein möglichst stabiles Preisniveau sorgen. Zugleich sorgt sie für die bankmäßige Abwicklung des ***Zahlungsverkehrs*** und ist als einzige Institution dazu berechtigt, Geld herzustellen. Ziel und Tätigkeit der Zentralbank sind damit grundverschieden von der Aufgabe der Geschäftsbanken.
Die EZB hat das ausschließliche Recht, Zentralbankgeld auszugeben. Dieses besteht aus Banknoten und dem ***Zentralbankgiralgeld***, das sind die Sichtguthaben der Geschäftsbanken bei der Bundesbank.

Die Zentralbank kann die gesamtwirtschaftlichen Ziele, wie z. B. Preisniveaustabilität, nicht direkt erreichen, sondern nur indirekt über monetäre Zwischengrößen. Diese Indikatoren sind der Zins und die Geldmenge.
Die wirtschaftspolitische Bedeutung der Geldpolitik besteht darin, dass durch beide Wirkrichtungen (Zins und Geldmenge) die Möglichkeiten der Kreditinstitute beeinflusst werden, Kredite an Unternehmen, private Haushalte und den Staat zu vergeben. So kann die Bundesbank beispielsweise durch eine ***restriktive*** (einschränkende) ***Geldpolitik*** Kredite so verteuern, dass ein Kreditnehmer höhere Zinsen bezahlen muss. Umgekehrt kann sie durch eine ***expansive*** (ausweitende) Geldpolitik den Spielraum der Kreditinstitute zur Vergabe von Krediten erweitern und das Zinsniveau senken.
Wenn Kredite teurer werden, wird die Kreditaufnahme durch Unternehmen und Haushalte eingeschränkt. Dadurch sinkt die Nachfrage in einer Volkswirtschaft. Da insbesondere private Investitionen zinsabhängig sind, kann die EZB über die Geldpolitik die Konjunktur beeinflussen.
Die EZB orientiert sich weitgehend an der wirtschaftspolitischen Konzeption des ***Monetarismus***, der allein in monetaristischen (d. h. geldpolitischen) Maßnahmen ein wirksames Instrumentarium zur Steuerung wirtschaftlicher Prozesse sieht. Die möglichen Maßnahmen lassen sich in drei Kategorien ordnen, wobei unter Fachleuten umstritten ist, welche der drei die wirksamsten Instrumente bereitstellt.

Kontrolle der Geldmenge

Mittelfristig bestehen zwischen der Menge des sich in Umlauf befindlichen Geldes und der Wirtschaftsentwicklung Zusammenhänge:

- Das Sozialprodukt kann nur wachsen, wenn ein ausreichendes Volumen an Finanzmitteln zur Verfügung steht.
- Ohne eine übermäßige Ausweitung der Geldbestände sind allgemeine Preissteigerungen auf Dauer nicht möglich.

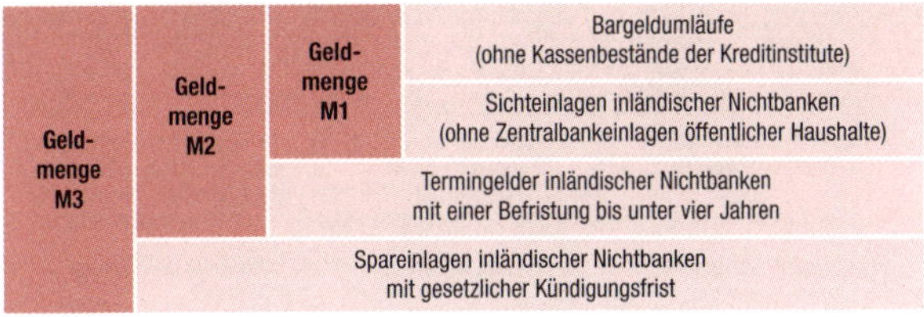

Geldmengenabgrenzungen der Deutschen Bundesbank

Die EZB benutzt die Entwicklung der Geldmenge M3 als Zielindikator. Sie orientiert sich bei ihrer jährlichen Festlegung des ***Geldmengenziels*** (Zielkorridor) an den Produktionsmöglichkeiten der Wirtschaft. Langfristig bestimmt der Zuwachs an Produktionsmöglichkeiten das Wachstum des Güter- und Dienstleistungsangebots. Geldwertstabilität wird dann gesichert, wenn das Geldmengenwachstum über Jahre hinweg dem Zuwachs der Produktionsmöglichkeiten der Wirtschaft (Potenzialwachstum) entspricht.

Mindestreservepolitik

Diese ursprünglich als Sicherheit für die Sparer beim Konkurs einer Geschäftsbank gedachte verzinsliche Zwangseinlage, die jede Geschäftsbank bei der Notenbank hinterlegen muss, beeinflusst direkt die Liquidität (und damit die Zinskonditionen) der Banken. Je höher die Mindestreserve, desto geringer die Liquidität. Senkt die Notenbank diese Reservesätze, können die Kreditinstitute wieder über mehr Geld verfügen: Das Geldangebot steigt, die Zinsen sinken.

Festlegung von Diskontsatz, Lombardsatz und Rediskontingentsatz

Alle drei Leitzinsen legen die Bedingungen fest, unter denen sich die Geschäftsbanken bei der Zentralbank mit zusätzlicher Liquidität versorgen, wobei die Zentralbank davon ausgeht, dass Verbesserungen (Zinssenkungen) wie Verschlechterungen (Zinser-

1. Offenmarktgeschäfte	2. „Girokonto für die Geschäftsbanken" (Ständige Fazilitäten*)	3. Mindestreservepflicht
Die EZB verkauft Wertpapiere an Geschäftsbanken ➡ Geldmenge sinkt oder sie kauft Wertpapiere von den Banken ➡ Geldmenge steigt Zentralbanken bieten zum europäischen Leitzins Wertpapiere an: Hauptrefinanzierungsgeschäfte	Geschäftsbanken können ihr Konto gegen Sollzinsen „überziehen" (Spitzenrefinanzierungsfazilität) ➡ Geldmenge steigt oder Geschäftsbanken können auf ihrem Konto verzinste Guthaben bilden (Einlagefazilität) ➡ Geldmenge sinkt das ergibt: „Zinskanal für den Leitzins"	Die Geschäftsbanken müssen Einlagen (Mindestreserve) bei der EZB halten, diese werden mit dem Leitzins verzinst Niedrige Mindestreserve ➡ Geldmenge steigt Hohe Mindestreserve ➡ Geldmenge sinkt *Kreditmöglichkeiten

Die Geldpolitik der Europäischen Zentralbank

höhungen) von den Geschäftsbanken entsprechend an ihre Spar- wie Kreditkunden weitergegeben werden. Früher galt der Diskontsatz als wichtigster ***Leitzins***: Geschäftsbanken verkaufen der Zentralbank Handelswechsel ihrer Kunden vor dem Verfallstag, um sich mit zusätzlichem Geld zu versorgen. Die Zentralbank zieht von der Wechselsumme einen Zins (den Diskontsatz) ab. Heute gilt der 3. Leitzins – die ***Wertpapierpensionsgeschäfte*** – als wichtigster Indikator für das Zinsniveau: Die Zentralbank bestimmt die Bedingungen, unter denen die Geschäftsbanken in Form von Kontingenten Zentralbankkredite erhalten können.
Gegenwärtig allerdings scheint der Monetarismus mit seinem Latein ziemlich am Ende zu sein, wie die weltweit extrem niedrigen Leitzinsen zeigen. In den USA z. B. betragen sie seit Ende 2008 faktisch 0 % – von Konjunktursteuerung über die Zinspolitik kann da zumindest zum augenblicklichen Zeitpunkt keine Rede mehr sein.

Fiskalismus

Neben den monetären Maßnahmen der Zentralbank haben die staatlichen Organe die Möglichkeit, über ***finanzpolitische*** (fiskalpolitische) ***Instrumente*** die wirtschaftlichen Prozesse zu steuern. Eine Erhöhung kann expansiv (nachfragesteigernd) oder kontraktiv (nachfragedämpfend) auf die betreffende Nachfragekomponente wirken. Wird statt einer Erhöhung eine Senkung der Haushaltsposten vorgenommen, so verkehrt sich die angegebene Wirkungsrichtung in ihr Gegenteil. Durch eine Erhöhung der Steuern wird das verfügbare Realeinkommen der privaten Haushalte gekürzt. Die Minderung des verfügbaren Realeinkommens führt zu einem Ausfall von privater Konsumnachfrage und/oder (über die Beeinflussung der Gewinne) von Investitionsnachfrage. Je nachdem, welche Einkommensarten (Masseneinkommen, Gewinneinkommen) zusätzlich besteuert werden, wird sich die Steuererhöhung stärker zu Lasten der Konsum- oder Investitionsnachfrage auswirken. Die Erhöhung der MwSt. vom 1. 1. 2007 z. B. belastet ausschließlich die Konsumenten.

Staatsausgaben für Güter und Dienste bilden selbst einen Teil der Gesamtnachfrage. Ihre Erhöhung wirkt definitionsgemäß expansiv. ***Transferzahlungen*** (z. B. Kinder- und Wohngeld) fließen an private Haushalte und beeinflussen vorwiegend den Konsum. Subventionen (Staatsleistungen an Unternehmen) beeinflussen deren Investitionen. Da ***Subventionen*** auch einen Preiseffekt in Richtung einer Verbilligung bestimmter Güter auslösen können, ist eine Zunahme der gesamten Konsumnachfrage möglich.

Die Fiskalpolitik kann mithilfe des Staatshaushaltes die gesamtwirtschaftliche Nachfrage nachhaltig beeinflussen. Dabei ist nicht nur der Primäreffekt einer Steuer- oder Ausgabenänderung von Bedeutung. Es tritt eine Kette von zeitlich aufeinander folgenden Impulsen auf, die den ursprünglichen Nachfrageeffekt auf ein Mehrfaches verstärken kann.

Diese ***Multiplikatorwirkung*** kann dazu benutzt werden, um der Wirtschaft im Falle einer konjunkturell bedingten Unterbeschäftigungssituation eine Initialzündung zu geben, die weitere Investitionen nach sich zieht (Akzeleratorprozess). Die Wirtschaft wird dadurch in die Lage versetzt, den durch eine fiskalpolitische Maßnahme eingeleiteten Aufschwung aus eigener Kraft fortzusetzen.

Wirkung auf / Erhöhung von	Privater Verbrauch	Private Investitionen	Staatsverbrauch	Exportüberschuss
Steuern	dämpfend	dämpfend		
Staatsausgaben			steigernd	
Transferzahlungen	steigernd			
Subventionen	steigernd	steigernd		steigernd

Fiskalpolitische Maßnahmen

Eine Schwierigkeit für eine einheitliche Fiskalpolitik liegt in dem föderalistischen System der Bundesrepublik. Mit Bund, Ländern und Gemeinden sind die klassischen drei Ebenen eigenständiger Haushaltsentscheidungen benannt.

Von den Kommunen, die naturgemäß an der lokalpolitischen Ebene interessiert sind, ist eine an der gesamten Volkswirtschaft orientierte Fiskalpolitik am wenigsten zu erwarten. Eine Gemeinde wird selten nach der konjunkturpolitischen Angemessenheit fragen, sondern die eigenen Anliegen und Bedürfnisse im Auge haben und nicht darauf achten, ob der geplante Bau des neuen Hallenbades in die bundespolitische Konjunkturlandschaft passt. Gleichzeitig beeinflusst das Investitionsverhalten der Gemeinden die Konjunktur, weil die besonders konjunkturwirksamen öffentlichen Anlageinvestitionen zu etwa zwei Drittel auf die Gemeinden und Gemeindeverbände entfallen.

Auch regierungsintern stößt die konjunkturpolitische Willensbildung auf institutionelle Probleme. In der Regel ist der Finanzminister nach dem Regierungschef die wichtigste und im Bereich der Wirtschafts- und Finanzpolitik mächtigste Person. Auch in der Bundesrepublik hat der Finanzminister Sonderrechte, z. B. kann er bei Finanzbeschlüssen im Kabinett nur überstimmt werden, wenn der Kanzler sich gegen ihn stellt. Andererseits spielte das Wirtschaftsministerium seit der von Erhard begründeten Tradition eine im internationalen Vergleich ungewöhnlich wichtige Rolle. Diese Funktion wurde ihm nach dem Regierungswechsel 1998 unter dem Finanzminister Lafontaine genommen, indem die meisten wichtigen Kompetenzen dem Finanzministerium (Jahreswirtschaftsbericht) übertragen wurden.

2.5 Das System der sozialen Sicherung

Die unterschiedlichen Prinzipien von Rechts- und Sozialstaat

Die Bundesrepublik ist ein Rechts- und Sozialstaat. Beide Staatsprinzipien sind durch Art. 20 GG festgelegt, der sowohl das Rechtsstaatsprinzip wie auch den sozialstaatlichen Grundsatz als bindend und unveränderbar erklärt.

Sozialrechtliche Gewährleistungen zielen in erster Linie nicht auf Ausgrenzung, sondern auf positive Leistung, nicht auf Freiheit, sondern auf Teilhabe. Freiheit und Teilhabe sind die Kardinalbegriffe, die heute das Verhältnis des Einzelnen zum Staat bestimmen:

- Rechtsstaat bedeutet in erster Linie „Freiheit“: Der Staat respektiert die Privatsphäre seiner Bürger, ihre freie Entfaltung in einem „staatsfreien“ Raum.
- Der Sozialstaat dagegen verteilt Leistungen und hat eine Fürsorgepflicht seinen Bürgern gegenüber. D. h., er muss ihnen ggf. durch Gewährungen zu Hilfe kommen.

Die Forderung unseres GG nach Verwirklichung des Sozialstaates wird in dem vielfältig gegliederten System der sozialen Sicherung konkretisiert. Im Rahmen dieses Verfassungsauftrages soll das System hauptsächlich zwei Ziel- oder Normvorstellungen erfüllen: dynamische Existenzsicherung und sozialer Ausgleich in Form von Chancengleichheit.

Die Existenzsicherung wird unter den Bedingungen eines Industriestaates notwendig, sobald

- Lebensrisiken wie Krankheit, Invalidität, Arbeitslosigkeit, Tod des Ernährers eintreten,
- sozial Schwache und im marktwirtschaftlichen Leistungspro-

zess Benachteiligte aus eigener Kraft nicht in der Lage sind, ein menschenwürdiges Dasein zu führen.
Art und Umfang der Unterstützung werden nicht ein für alle Mal fixiert, sondern an Veränderungen des Lebensstandards und neue Erkenntnisse angepasst.
Chancengleichheit ist nötig, weil die Startbedingungen der verschiedenen sozialen Gruppen auch nicht annähernd gleich sind und ohne staatliche Eingriffe noch größer würden. Konkretisiert wird dies abstrakte Ziel insbesondere in der Forderung nach Herstellung von gleichen Bildungschancen für Kinder und Jugendliche unterschiedlicher sozialer Herkunft.

Grundsätze der Sozialversicherungen

Die Sozialversicherungen sind Pflichtversicherungen für alle abhängig Beschäftigten bis zu einer bestimmten Einkommensgrenze. Lediglich Beamte sind von dieser Pflicht ausgenommen. Die vier wichtigsten „Säulen“ dieses Systems sind:

- Arbeitslosenversicherung
- Krankenversicherung
- Rentenversicherung
- Pflegeversicherung

Die Beiträge zu diesen Versicherungen werden zu 50 % von den Beschäftigten und zu 50 % vom Arbeitgeber bezahlt und machen den Löwenanteil der Lohnnebenkosten aus. Sie summieren sich auf rund 20 % der Lohnsumme, d. h., dass ein Unternehmer, der z. B. einen Tariflohn von 15,– € pro Stunde zahlt, für jede Arbeitsstunde zusätzlich 3,– € an die Sozialversicherung abführen muss. Im November 2010 wurde trotz heftiger Kritik aller Arbeitnehmerorganisationen erstmals an diesem 50:50-System gerüttelt: Die nächste Erhöhung der Krankenversicherung auf 15,5% wird allein von den Arbeitnehmern getragen, alle weiteren Kostensteigerungen dürfen die Kassen dann zukünftig durch Zusatzbeträge von den Versicherten abdecken.

Beitragsentwicklung in den Sozialversicherungen 1975–2009 in % des Bruttoarbeitsentgelts				
Jahr	Renten-versicherung	Kranken-versicherung	Arbeitslosen-versicherung	Pflege-versicherung
1975	18,0	10,4	2,0	–
1980	18,0	11,4	3,0	–
1985	19,2	11,8	4,1	–
1990	18,7	12,6	4,3	–
1995	18,6	13,2	6,5	1,0
1998	20,3	13,6	6,5	1,7
2001	19,1	13,5	6,5	1,7
2005	19,5	12–15	6,5	1,7 bzw. 1,95
2009	19,9	14,9	6,5	1,95

Das Sozialversicherungssystem arbeitet nach dem ***Solidarprinzip***, d. h., alle Versicherungspflichtigen zahlen ihre Beiträge in eine gemeinsame Kasse, aus der dann diejenigen, die der Unterstützung bedürfen, eine entsprechende Leistung erhalten, wie dies bei jeder Versicherung, gleich welcher Art, grundsätzlich der Fall ist. Jemand, der keine Vorleistung in Form von Beiträgen entrichtet hat, hat keinen Anspruch. Bedürftigkeitsprüfungen finden nicht statt, so kann z. B. ein arbeitslos gewordener Arbeitnehmer, der sich durch Vorleistungen Ansprüche erworben hat, für eine gewisse Zeit Arbeitslosengeld erhalten, ohne dass seine Vermögensverhältnisse eine Rolle spielen.

Arbeitslosengeld 1

Das Arbeitslosengeld orientiert sich an der Höhe des zuletzt erzielten Arbeitsentgelts und an den persönlichen Verhältnissen des Versicherten. Vom Bruttogehalt werden Steuern, Sozialversicherungsbeiträge usw. abgezogen, sodass sich ein pauschaliertes Nettoarbeitsentgelt ergibt. Davon erhält beispielsweise ein

Arbeitsloser mit einem Kind 67 % als Arbeitslosengeld. Die Dauer des Anspruchs auf Arbeitslosengeld hängt von den geleisteten Beschäftigungszeiten und dem Lebensalter des Arbeitslosen ab. Länger als ein Jahr Arbeitslosengeld gibt es erst ab dem 55. Lebensjahr (18 Mon.). Die Altersgrenze für die maximale Unterstützungsdauer von 24 Monaten beträgt 58 Jahre.

Rentenversicherung

Eine Sonderstellung nimmt die Rentenversicherung ein, hier gibt es den ***Generationenvertrag***. Dieser besagt, dass die Generation der heute im Arbeitsprozess Stehenden die Rente für die heutigen Rentner zahlt, da diese ältere Generation die Renten für die vorhergehende Generation gezahlt hat und die heutigen Kinder die Rente für die jetzt Arbeitenden zahlen werden. Als dieses Modell zu Beginn des 20. Jh.s entwickelt wurde, ahnte man noch nichts von der demografischen Entwicklung am Ende des Jahrhunderts und der Überalterung unserer Gesellschaft.
Der Anteil der Rentner nimmt seit Jahrzehnten im Vergleich zur arbeitenden Bevölkerung zu, sodass immer weniger Arbeitende immer mehr Rentner versorgen müssen. Dieses Problem wird im 21. Jh. noch an Schärfe gewinnen, denn einerseits werden die Menschen immer älter, erhalten also länger Rente, andererseits sind die Bevölkerungszahlen rückläufig, es werden immer weniger Kinder geboren.

Grundsätze des Fürsorgeprinzips

Das Fürsorgeprinzip orientiert sich ausschließlich an der Bedürftigkeit, Vor- oder Gegenleistung müssen nicht erbracht werden. Es konkretisiert sich insbesondere in der Zahlung von Arbeitslosengeld 2 (im Volksmund auch „Hartz 4“ genannt). Im Unterschied zum Arbeitslosengeld 1 hat jeder in der Bundesrepublik lebende Mensch Anspruch auf Alg 2, wenn er seine Bedürftigkeit nachweisen kann. Die Finanzierung von Alg 2 ist gemischt, teilweise stammt das Geld von der Bundesagentur für Arbeit, d. h. aus dem Topf der Arbeitslosenversicherung, teilweise aus (kom-

munalen) Steuermitteln. Die Abwicklung wird über die 2005 neu gegründeten ARGE-Behörden vorgenommen.
Die Höhe des Alg 2 richtet sich nicht nach einem früheren Arbeitseinkommen, sondern ausschließlich nach dem ***Existenzminimum***. Dieses ist die Summe, die – vom Statistischen Bundesamt in Wiesbaden jedes Jahr neu errechnet – benötigt wird, um ein menschenwürdiges Leben zu führen und seine Grundbedürfnisse erfüllen zu können. Mit dieser Neuregelung sind soziale Härtefälle vorprogrammiert: Ein ehemals gut verdienender Ingenieur, der z. B. mit 52 Jahren arbeitslos wird und keine neue Stelle mehr erhält, bekommt noch ein Jahr lang zumindest einen Teil (z. B. 67% - s. o. Alg 1) seines früheren Gehalts, danach wird er auf das frühere Sozialhilfeniveau (Existenzminimum – Alg 2) herabgestuft.

Grundsätze des Versorgungsprinzips
Auch das Versorgungsprinzip kennt keine „direkten“ Vor- oder Gegenleistungen, aber der Tenor liegt hier auf dem Begriff „direkt“. Wer sich z. B. entschließt, Kinder zu bekommen, tut dies sicher nicht aus Motiven, die den Einzahlungen in die Kassen der Sozialversicherungen gleichkommen, erbringt also keine Vorleistungen im engeren Sinne. Dennoch hat die freiwillige Bereitschaft, Kinder in die Welt zu setzen, diese zu erziehen und – nicht zuletzt auch materiell – zu versorgen, erhebliche Bedeutung für die Gesellschaft, und dies nicht nur in Bezug auf die Rentenversicherung. Sie beinhaltet eine Art „indirekte“ Vorleistung. Daher bekommen alle in Deutschland lebenden Eltern vom Staat Kindergeld, eine sog. Transferzahlung. Diese Transferzahlungen machen einen guten Teil der nach dem Versorgungsprinzip ausgezahlten Summen aus, daneben tritt – als größter Posten – die Beamtenversorgung, d. h. die staatlich garantierte Pension und die sog. Beihilfe (anteilige Übernahme von Krankheitskosten durch den Staat).

2.6 Arbeit und Strukturwandel

Die Lage auf den Arbeitsmärkten

Die europäischen Sozialstaaten – und da auch in erster Linie die Bundesrepublik – sind für die sozialpolitischen Folgen der Globalisierung besonders anfällig. Das soziale Netz ist im Regelfall nach dem „Bismarck-Prinzip“ gestaltet, d. h., Arbeitgeber und Arbeitnehmer teilen sich die Kosten der auf dem Solidarprinzip basierenden Sozialversicherung. In Deutschland sind das Kranken-, Arbeitslosen-, Renten- und neuerdings Pflegeversicherung. Jeder Anstieg der Arbeitslosigkeit erhöht in diesem System unmittelbar die Ausgaben und senkt die Einnahmen der Sozialversicherung. Der einzig mögliche Ausweg – Erhöhung der Versicherungsbeiträge – senkt nicht nur die gesamtgesellschaftliche Konsumnachfrage, sondern erhöht die Lohnnebenkosten für die Unternehmer, verschärft also in einem Hochlohnland die Situation und schmälert die Unternehmensgewinne.

Die bisherige Entwicklung der deutschen Volkswirtschaft war gekennzeichnet durch eine starke Konzentration auf die Industrie mit hohem Exportanteil bei gleichzeitig hoher Produktivität. Typisch ist für Deutschland das Modell der Sozialpartnerschaft sowie die strenge Regulierung des Arbeitsmarktes durch die ***(Flächen-) Tarifverträge.*** Eine stärkere Lohndifferenzierung wird natürlich gerade von den Betroffenen und den Gewerkschaften strikt abgelehnt. Ein grundlegender Strukturwandel ist in den nächsten Jahren dennoch unaufhaltbar. Die vergleichsweise hohe Produktivität in Deutschland reicht nicht aus, um den Arbeitskostendruck aufzufangen.

Die Globalisierungstendenzen führen zu deutlich höherem Wettbewerbs- und damit Innovationsdruck. Schnelle und flexible Anpassung an die rasch sich ändernden Gegebenheiten des globalen Marktes wird nicht nur von Unternehmensseite, sondern auch von den Arbeitnehmern gefordert werden. Abhängig Beschäftigte und auch Arbeitskräfte auf dem „informellen Sektor“ (s. unten), die entsprechend qualifiziert, leistungsmotiviert

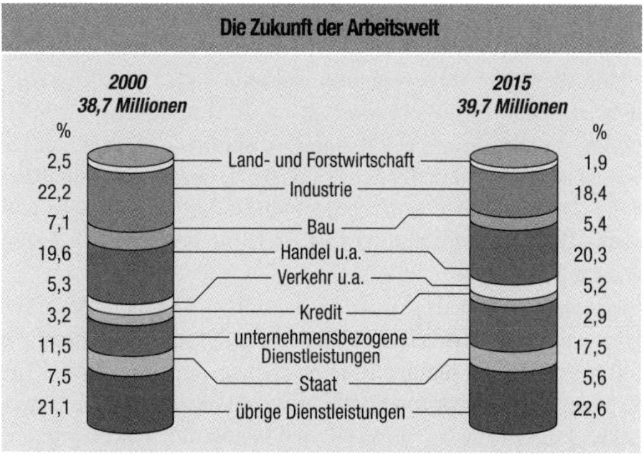

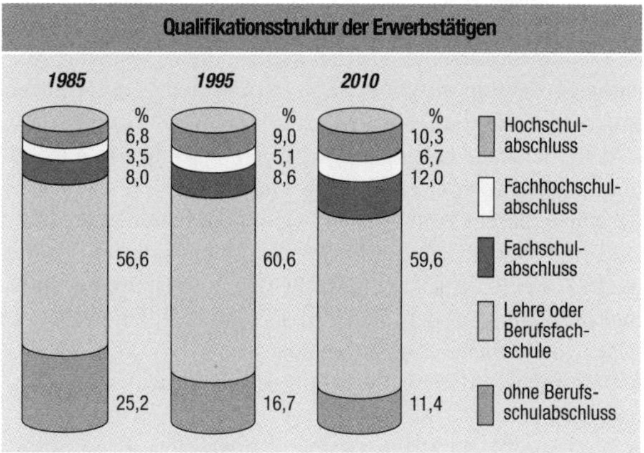

und flexibel sind, können von den erweiterten Chancen, die der globale Markt bietet, profitieren. Minder qualifizierte Arbeitnehmer allerdings geraten in eine doppelt schwierige Situation: Zum einen werden ihre Arbeitsplätze im Hochlohnland Deutschland ohnehin und ganz unabhängig von der Globalisierung wegrationalisiert, zum anderen und zusätzlich dazu treten sie zunehmend in den direkten Wettbewerb mit Konkurrenten aus Niedriglohnländern. Ihre Chancen auf eine sozial und materiell befriedigende Position sinken drastisch. Empirische Untersuchungen geben bisher keine genaue Auskunft darüber, ob und in welchem Maße diese Tendenzen wirklich der Internationalisierung des Wettbewerbs geschuldet sind oder sich ohnehin aufgrund der Dynamik des marktwirtschaftlichen Systems durchgesetzt hätten.

Eines aber ist eindeutig: Auf dem deutschen Arbeitsmarkt ist seit Jahren ein ganz erheblicher Strukturwandel zu verzeichnen, der im Anstieg der Qualifikationsanforderungen, im Wandel der Erwerbsformen, in zunehmender Arbeitsflexibilität, aber auch in struktureller Arbeitslosigkeit deutlich wird.

Dieser ***Strukturwandel*** macht auch vor der Organisation der Arbeit nicht halt. Kennzeichen neuer, innovativer Unternehmen ist z. B. die Abflachung der Hierarchien, die zunehmend flexibleren Strukturen mit dezentralen Entscheidungskompetenzen. Auf diese Weise kommt in den letzten Jahren ein Prozess in Gang, in dem sich viele abhängig Beschäftigte objektiv wie subjektiv der Situation von Selbstständigen annähern.

An genau diesem Punkt treffen sich die Tendenzen in Deutschland und den anderen Industrieländern mit neueren Überlegungen von Arbeitsökonomen, die der Ausweitung des informellen Sektors auf dem Arbeitsmarkt große Zukunftschancen geben. „Informelle" Tätigkeiten üben aus:

- Besitzer bzw. Betreiber von Mikro- (Ein-Mann-) und Kleinunternehmen
- Unterbezahlt mitarbeitende Familienangehörige von Mikro- und Kleinunternehmen
- Abhängig Beschäftige in Gelegenheitsjobs, Heimarbeit, Hausarbeit, Saison- und Teilzeitarbeit, unregistrierter Arbeit usw.

Normalarbeitsverhältnisse

War bislang ein reguläres Arbeits- und Beschäftigungsverhältnis für die überwiegende Mehrheit der Erwerbstätigen in Deutschland als feste Vollzeitanstellung im erlernten Beruf definiert, so hat sich die Lage inzwischen beträchtlich verändert: 2010 sind bereits weniger als zwei Drittel aller Erwerbstätigen „regulär" beschäftigt, während rund 40 % in einem nicht-regulären Beschäftigungsverhältnis stehen (in den 1960er-Jahren waren es erst 3 %). Diese „atypischen" Formen der Beschäftigung dürften in den nächsten Jahren weiter anwachsen.

Berufsarbeit als dauerhafte, qualifizierte Erwerbstätigkeit, die als Lebensgrundlage dient, wird es zwar weiterhin geben, sie wird jedoch zunehmend ergänzt durch weitere Beschäftigungsformen. Arbeit im erlernten Beruf „auf Lebenszeit" dürfte in ähnlicher Weise zur Ausnahme werden wie Ehen „auf Lebenszeit": Als zunehmend problematisch erweist sich die Neigung in Industrie, Handel und Dienstleistungsbetrieben, neue Arbeitplätze nur noch in Form von Leiharbeit anzubieten. Ein Leiharbeiter verrichtet dabei exakt die gleiche Tätigkeit wie ein fest angestellter Arbeitnehmer, bekommt aber deutlich weniger Lohn, hat im Regelfall weniger bezahlten Urlaub und einen schlechteren Kündigungsschutz – der soziale Friede innerhalb und außerhalb der Betriebe könnte so auf Dauer gefährdet sein!

Arbeitsmigration

Ein besonders heißes Thema in einem Land wie Deutschland und weiten Teilen Westeuropas ist die Arbeitsmigration, die Furcht, seinen Arbeitsplatz an einen Ausländer zu verlieren. Diese Angst ist allgegenwärtig (und wird von rechtslastigen Populisten weidlich ausgenutzt). Doch wie sehen die Fakten aus?

Die Migration von Arbeitskräften ist ein wichtiger Faktor der Globalisierung, sie wird beeinflusst durch wirtschaftliche und politische Faktoren und wirkt auf diese zurück. Weltweit sind etwa 3 % der Weltbevölkerung Migranten, das sind ca. 150 Mio. Menschen. Davon sind etwa 90 Mio. offizielle oder inoffizielle

Arbeitsemigranten. Gegenüber der früher eher typischen Süd-Nord-Migration haben heute insbesondere in Europa die Ost-West-Ströme erheblich zugenommen, also die Arbeitsmigration aus den ehemaligen Ostblockländern in die EU-Staaten.
Nach wie vor ist die Politik der Zielländer durch den Versuch gekennzeichnet, die Migranten nach den Erfordernissen des heimischen Arbeitsmarkts auszuwählen und zu steuern. Zwar ist heute der Arbeitsmarkt in der Bundesrepublik Deutschland durch Massenarbeitslosigkeit gekennzeichnet, in einigen Branchen, insbesondere in der Informationswirtschaft, wird jedoch zeitgleich ein Mangel an Fachkräften beklagt. Für Spezialisten wie Computer-Fachleute, bei denen in vielen westlichen Ländern die Nachfrage nicht ausreichend durch einheimische Kräfte gedeckt werden kann, gibt es bereits den globalisierten Arbeitsmarkt. In manchen Fällen ist die Arbeit zu Subunternehmern in Ländern wie Indien ausgelagert worden, in denen ein großes Reservoir von Fachkräften existiert. Außerdem werben, vor allem in den USA, private Firmen selektiv Fachpersonal aus Europa und Südamerika an.
Die Möglichkeit, auf ausländische Fachkräfte zurückzugreifen, kann aber in den Zielländern die Motivation senken, in hinreichendem Maße finanzielle Ressourcen für eine angemessene Bereitstellung von Ausbildungskapazitäten zu schaffen. Der Rückgriff auf hoch qualifizierte ausländische Fachkräfte hemmt dann Entwicklung – sowohl in den Zielländern als auch in den Heimatländern der Emigranten.

Arbeitsmarkt und neue Technologien

Das Internet und die Möglichkeiten der Telekommunikation verändern die Strukturen von Arbeitsprozessen sowie die Qualifikations- und Durchführungsbedingungen vieler Arbeitsprozesse – insbesondere im tertiären Sektor. Flache Hierarchien und dezentrale Entscheidungsstrukturen bis hin zu Netzwerken, die auf Telekooperation basieren und standortungebunden sind, kennzeichnen die veränderte Arbeitsorganisation. Das Volumen

Beschäftigung im IT-Sektor, ausgewählte Länder, 1999		
	Beschäftigung im IT-Sektor (in Tausend)	***Anteil der Beschäftigung im IT-Sektor an der Gesamtbeschäftigung (in %)***
Australien	256	2,4
Deutschland	1 255	3,5
EU-15	5 712	3,9
Ungarn	157	4,3
Japan	3 000	4,3
Türkei 1997	100	0,5
USA 1998	7 400	6,1
Barbados 1997	3	2
China	1 604	0,8
Costa Rica	13,5	1
Malaysia	87	1
Südafrika	54	1

des weltweiten Markts für Software-Produkte betrug für das Jahr 2000 gut 500 Mrd. US-Dollar, hinzu kommen umfangreiche weitere IT-bezogene Dienstleistungen. Vor allem bei Dienstleistungen wie Datenerfassung und -pflege, Kundenbetreuung in Call-Centern sind die Zutrittsbarrieren auch für neue Anbieter aufgrund der sehr geringen Ausrüstungskosten verhältnismäßig niedrig. Länder wie Indien, China, Südafrika und Jordanien haben mit der arbeitsteiligen Übernahme von Programmiertätigkeiten bereits nennenswerte Marktanteile im IT-Sektor erobert. So waren Ende 2000 über 400 000 Arbeitskräfte allein in der indischen Softwareindustrie beschäftigt; der Export von Software-Produkten und IT-bezogenen Dienstleistungen in Indien betrug im Jahr 2000 gut 6,2 Mrd. US-Dollar.

Telearbeit – Pro und Contra			
So viel Prozent von 272 befragten Unternehmen in Nordrhein-Westfalen meinen, Telearbeit habe			
… diese Vorteile		… diese Nachteile	
Bessere Vereinbarkeit von Beruf und Familie	76	Soziale Isolation	68
Erfüllung individueller Mitarbeiterwünsche	58	Probleme bei Führung und Kontrolle	63
Arbeitsplätze in strukturschwachen Gebieten	51	Datenschutz	55
Neue Arbeitsplätze für Behinderte	49	Organisatorischer Aufwand	48
Erhöhte Mitarbeitermotivation	44	Technischer Aufwand	45

Telearbeit
Unter Telearbeit wird eine zumindest teilweise fernab von der betrieblichen Arbeitsstätte ausgeübte Tätigkeit verstanden, die auf der Benutzung des Computers und moderner Kommunikationstechniken beruht. Der PC ist dabei mit dem Computer-Netz des Unternehmens durch Datenleitungen verbunden.
Ein Telearbeitsplatz kann somit an beliebigen Orten installiert werden – zu Hause, an verschiedenen Standorten eines Unternehmens, auf dem Messestand, im Hotelzimmer, beim Kunden, im Call-Center, in wohnortnahen Stadtteil und Satellitenbüros, im Auto oder eben auch auf der anderen Seite des Globus. Der Datentransport findet praktisch ohne Zeitverzug und bei annähernd gleichen Kosten statt, die zudem in den letzten Jahren stetig gesunken sind und fast gen „Null“ tendieren.
Bei der sogenannten alternierenden, hausgebundenen oder außerbetrieblichen Telearbeit verbringen Telearbeiter einen Teil der Arbeitswoche zu Hause vor dem Computer, den Rest aber im Büro. Mittlerweile gehen Fachleute von einem Potenzial von

Telearbeitsplätzen für Deutschland von mindesten 2,5 bis 3 Mio. aus. Während im Durchschnitt 26 % der Erwerbspersonen mit Telearbeit sympathisieren, sind es bei Frauen unter 30 Jahren erheblich mehr, nämlich 43 %.
Für die Auslagerung von Telearbeit sprechen aus Sicht der Unternehmen vor allem die Chance zur Minderung hoher Bau-, Miet- und Instandhaltungskosten zentraler Büros sowie die Steigerung der Motivation der Mitarbeiter. Für diese sind vor allem die eigenständigere Zeitplanung, die Vermeidung langer Anfahrtswege sowie die bessere Vereinbarkeit von Familie und Beruf interessant. Zumindest theoretisch ließe sich damit die prinzipielle Benachteiligung von Frauen während der Zeit der Kindererziehung vermeiden oder wenigstens verringern.

Abbau von Sozialstandards?

Im Unterschied zum herkömmlichen internationalen Wettbewerb wird im Globalisierungsprozess das gesamte nationale Regelsystem in die Konkurrenz der Standorte hineingezogen. Auch die Staaten selbst konkurrieren miteinander, um die Rahmenbedingungen, die Konkurrenzfähigkeit ihrer Unternehmen und Erwerbsbevölkerung zu sichern und zu verbessern. Dieser Aufgabe wird sich die Sozial- und Arbeitspolitik einzelner Staaten unterordnen müssen, wodurch ihre autonome Handlungsfähigkeit mehr oder weniger stark eingeschränkt wird. Galt bisher gerade in der Sozialpolitik uneingeschränkt, dass der „eigene" Staat den Rahmen abgibt, ist dies unter den Bedingungen der Globalisierung in Zukunft nicht mehr haltbar.
Es ist keineswegs sicher, dass die ***Standortkonkurrenz*** zwischen den Staaten zu einer Produktivitätssteigerung führt. Denkbar ist auch ein unproduktiver Subventionswettlauf, der nicht nur die arbeits- und sozialpolitischen Handlungsspielräume der Staaten weiter einschränkt, sondern auf lange Sicht auch die Erosion des Sozialstaates bedingt. Kein Land würde auf diese Weise längerfristig durch den Standortwettbewerb etwas gewinnen, letzten Endes wären alle schlechter gestellt.

Gegen diese bedenkliche Entwicklung fordert z. B. die Enquete-Kommission „Globalisierung der Weltwirtschaft“ des Deutschen Bundestages energisch eine Strategie. Sie sollte sich auf internationale Koordination und auf Reformen stützen, die das institutionelle Gefüge des Sozialstaates unabhängiger von möglichen Wanderungen der mobilen Produktionsfaktoren machen.

Vorstellbar ist solch eine internationale Zusammenarbeit aber vorerst kaum weltweit, sondern nur im Rahmen der EU. Diese bildet mit fast 500 Mio. Bürgern den mit Abstand größten Wirtschaftsraum auf der Welt und sollte damit zu einer autonomen Sozialpolitik und einer auch sozialstaatlich unterfütterten Systemkonkurrenz zu den USA und Ostasien fähig sein. Allerdings müsste sich die Europäische Union möglichst schnell auf zwei zentrale Regelungen verständigen:

- Mindest-Sozialleistungsquoten: Alle Mitgliedsländer verpflichten sich, bestimmte Anteile des Sozialbudgets am Bruttoinlandsprodukt nicht zu unterschreiten. Solche Quoten sind nach Maßgabe des Pro-Kopf-Einkommens der Bevölkerung zu differenzieren, da das BIP innerhalb der EU sehr unterschiedlich ist.
- Mindeststandards für Arbeitnehmerrechte: Auch diese sind nach Ländern oder Ländergruppen zu differenzieren, sodass Länder, die bereits ein höheres Maß an rechtlichem Schutz für Arbeitnehmer erreicht haben, diesen Standard auf keinen Fall zu reduzieren haben.

Europäische Union

3.1 Kleine Geschichte des europäischen Zusammenschlusses

1951 Gründung der **EGKS**: Der Plan des französischen Außenminister Schuman (Mai 1950), mit Deutschland nur fünf Jahre nach Kriegsende eine gemeinsame Politik im Montanbereich (Kohle, Eisen, Stahl) zu betreiben, gilt als historischer Durchbruch, der die beiden verfeindeten Nationen einander näherbrachte und letztlich den europäischen Einigungsprozess einleitete.

1952 die **EVG**: Die sechs EGKS-Staaten unterzeichnen den Vertrag zur Gründung der Europäischen Verteidigungsgemeinschaft (EVG). Diese gesamteuropäische Armee war bewusst als erster Schritt zur Einheit Europas gedacht. Die französische Nationalversammlung lehnt den EVG-Vertrag aber 1954 ab. In Deutschland war er 1952 zusammen mit dem Deutschlandvertrag, der die nationale Souveränität wiederherstellte, mehrheitlich angenommen worden.

1957 Gründung der **EWG**: Die sechs EGKS-Staaten gründen in Rom („Römische Verträge") die Europäische Wirtschaftsgemeinschaft (EWG) und die Europäische Atomgemeinschaft (EURATOM).

1962 Gemeinsame Agrarpolitik: Der Ministerrat einigt sich auf die Grundsätze der Agrarpolitik.

1968 Vollendung der Zollunion: Die EWG vollendet die Zollunion. Von nun an sind Import und Export zwischen EWG-Staaten zollfrei.

1970 Eigeneinnahmen der EWG: Der Ministerrat beschließt, dass der Haushalt der Europäischen Gemeinschaft künftig nicht mehr aus Finanzbeiträgen der Mitgliedstaaten, sondern aus neu zu schaffenden Eigenmitteln der Gemeinschaft finanziert wird.
1972 Weitere Politikfelder: Die Regierungen der EWG-Staaten beschließen, dass sie auf weiteren Gebieten der Politik zusammenarbeiten werden: Energiepolitik, Regionalpolitik, Umweltpolitik.
1973 Erste weitere Beitritte: Dänemark, Irland und das Vereinigte Königreich von Großbritannien und Nordirland treten bei. Norwegens Beitritt dagegen scheiterte nach einem Referendum 1972.
1979 Erste Direktwahl des Europäischen Parlaments: Zum ersten Mal werden die Abgeordneten direkt gewählt.
1981 Zehn Mitgliedstaaten: Griechenland tritt bei.
1986 12 Staaten/EEA: Die Anzahl der Mitgliedstaaten erhöht sich auf zwölf, Portugal und Spanien treten bei. Im gleichen Jahr beschließen die Regierungen der Mitgliedstaaten eine erste umfassende Änderung der Gründungsverträge, die „Einheitliche Europäische Akte“ (EEA).
1990 Neue Bundesländer: Mit der deutschen Wiedervereinigung gehören auch die fünf neuen Bundesländer zur Europäischen Gemeinschaft.
1992 **Maastrichter Vertrag:** Die Regierungen unterzeichnen in Maastricht den „Vertrag über die Europäische Union“. Sie erweitern damit die Bereiche der Politik, Bildung, Kultur, Gesundheitswesen, Verbraucherschutz, Industrie, Entwicklungshilfe, Außen- und Sicherheitspolitik, Justiz, Inneres.
1993 Binnenmarkt: Der Binnenmarkt ist seit 1. Januar 1993 verwirklicht. Am 1. November tritt der Vertrag über die Europäische Union in Kraft; damit ist die EU gegründet.
1995 15 Mitgliedstaaten: Drei weitere Staaten treten der EU bei: Finnland, Österreich und Schweden. Der Termin für den Beginn der Währungsunion wird auf den 1. 1. 1999 festgelegt.

1997 Amsterdamer Vertrag: Neue Bereiche der Mitentscheidung (Kodezision) für das Europäische Parlament.
2002 Am 1. Januar wird der Euro alleiniges Zahlungsmittel in allen an der Währungsunion beteiligten EU-Staaten.
2004 Die EU wird am 1. 5. um 10 neue Mitgliedstaaten erweitert: Estland, Lettland, Litauen, Malta, Polen, Slowenien, Slowakei, Tschechien, Ungarn, Zypern.
2007 Bulgarien und Rumänien wurden am 1. 1. 2007 unter einer Reihe von Auflagen in die EU aufgenommen. Die Frage, ob das Beitrittsgesuch der Türkei positiv beschieden werden soll, wird innerhalb der Gemeinschaft noch kontrovers diskutiert.
Nach dem Scheitern des Verfassungsreferendums in Frankreich und Holland wird der Vertrag von Lissabon schließlich als „Verfassungsersatz“ und Grundlagendokument der EU verabschiedet.
2009 Einführung zweier neuer wichtiger Ämter, die die Zentralinstanz stärken sollen: Der „Präsident des Europäischen Rates“ sowie der „Hohe Vertreter der EU für Außen- und Sicherheitspolitik“ werden für 2 1/2 bzw. 5 Jahre gewählt. Der „Hohe Vertreter …“ ist gleichzeitig und automatisch Vizepräsident der Kommission. Der Belgier van Rompuy und die Engländerin Ashton bekleiden als Erste die Ämter.

3.2 Aufgaben der EU im Spannungsfeld nationaler Souveränitäten

Sicherheitspolitik

Die Staaten der heutigen EU haben in vergangenen Jahrhunderten und bis 1945 viele Kriege gegeneinander geführt, nahezu jeder gegen jeden. Ein Krieg Preußens gegen Bayern ist seit Gründung des Deutschen Reichs, ein Krieg Deutschlands gegen Frankreich oder England seit Gründung der EWG undenkbar geworden. Die EU wird in Zukunft mehr als bisher Verantwortung übernehmen für ihre eigene Sicherheit und für die Sicherheit in

Europa, in der Welt – gerade auch angesichts der sich verstärkenden internationalen Verflechtungen sowohl auf der politischen als auch auf der wirtschaftlichen Ebene. Dies muss in enger Partnerschaft mit den USA geschehen. Doch nur bei wachsender Gemeinsamkeit können die EU-Staaten mehr als heute zur Lösung von Konflikten und Kriegen anderswo in Europa oder in der Welt beitragen.

Außenpolitik

Gemeinsam können die EU-Staaten die neuen marktwirtschaftlichen Demokratien in Europa (frühere Ostblockstaaten) besser unterstützen beim Aufbau der Wirtschaft und der Festigung der

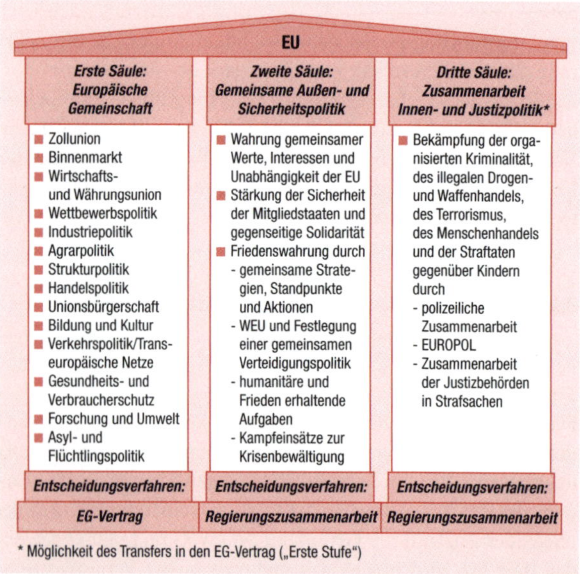

Europa nach Maastricht und Amsterdam

Demokratie. Gemeinsam können sie den Entwicklungsländern wirksamer helfen, wirtschaftliche, soziale und politische Probleme zu lösen. Großforschung, wie in der Weltraumtechnik, ist einzelnen Staaten nicht möglich. An Entwicklung und Bau der Ariane-Raketen, die Wetter-, Fernseh- und Forschungssatelliten ins All tragen, sind 13 europäische Staaten beteiligt.
Durch die Aufhebung der Zollschranken werden der Drogenschmuggel und die internationale organisierte Kriminalität stark begünstigt. Auch die Unfähigkeit der internationalen Organisationen (wie der Vereinten Nationen), Frieden in aller Welt zu schaffen, den Terrorismus zu bekämpfen und Hunger und Armut zu besiegen, schafft für die EU ein großes Problem: die Tatsache, dass Millionen Menschen in Europa Schutz, Asyl und Arbeit suchen und die Migrationsbewegungen von Süd nach Nord im Laufe der letzten Jahren kontinuierlich zugenommen haben.

Innenpolitik
Das Asyl- und Einwanderungsrecht kann nur gemeinsam zufriedenstellend geregelt werden; Drogenhandel und internationale Kriminalität können nur gemeinsam wirksam bekämpft werden. Schutz der Umwelt und Erhaltung unserer Natur sind ebenso Aufgaben der Europäischen Union wie Förderung der weniger entwickelten Gebiete.

Ökologie
Schadstoffe in Luft und Wasser machen an Grenzen nicht halt. Unsere Zukunft hängt aber davon ab, ob die Umweltschäden zunehmen oder allmählich abgebaut werden. Hinzu kommt die rasante Entwicklung der Technik, die Fragen aufwirft, auf die Politik und Gesellschaft noch keine Antworten wissen sowie die Gefahren, die aus der Verschwendung von Rohstoffen und der Belastung der Umwelt erwachsen. Wirksame Umweltpolitik ist daher weltweit auf nationaler Basis allein nicht mehr möglich.

Soziales

In Europa gibt es arme Regionen neben reichen. Den armen Regionen muss geholfen werden, aus Gründen der Solidarität, aber auch, weil ein zu starkes Wohlstandsgefälle letztlich für ganz Europa Gefahren in sich birgt. So können z. B. bestimmte Regionen im Binnenmarkt oder manche Berufsgruppen weniger von dem europäischen Einigungsprozess profitieren als andere. Hier ist das Bemühen um Steuerharmonisierung ebenso gefragt wie eine Politik des Ausgleichs von Wettbewerbs- und Standortvorteilen.
Hinzu kommt das Problem der Arbeitslosigkeit (2006 im Durchschnitt 8 %), vor allem die Arbeitslosigkeit vieler Jugendlicher, die keinen Ausbildungs- oder Arbeitsplatz finden.

Wirtschaft

Zollschranken störten nicht in einer Zeit, als Marktgebiete mit wenigen Hunderttausenden von Menschen ausreichend groß waren für alle erdenklichen Unternehmungen. Heute sind Märkte mit Hunderten von Millionen Menschen nötig, damit Entwicklungskosten neuer Produkte sich lohnen. Kein Staat Europas ist einzeln wettbewerbsfähig gegen die USA oder Japan.

Alltägliches

Die Menschen in der Europäischen Union können seit 1993 ohne jede Zollkontrolle frei von einem Mitgliedsland in jedes andere reisen, können sich im ganzen Binnenmarkt an beliebigen Orten niederlassen, dort eine Arbeit annehmen oder ein Geschäft eröffnen, können sich bei Beachtung einiger Bestimmungen überall in der Union zur Ruhe setzen. Aber die Freizügigkeit hat auch an vielen Orten Arbeitsplätze gefährdet, indem z. B. gültige nationale Tarifverträge, die für die inländischen Tarifpartner rechtlich bindend sind, faktisch durch ausländische Arbeiter, die für weniger Lohn zu arbeiten bereit sind, außer Kraft gesetzt werden.

3.3 Die Organe und Institutionen der EU

Auch wenn seit dem Schumanplan von 1950 immer wieder die Vision der „Vereinigten Staaten von Europa" auftauchte, darf nicht übersehen werden, dass der europäische Einigungsprozess völlig anders verlaufen muss und verlaufen wird als z. B. der amerikanische Unabhängigkeitskampf. Dies ist nicht in erster Linie auf die verschiedenen Sprachen zurückzuführen, sondern vor allem auf die nationalen ***Souveränitäten***. Die EU ist ein Gebilde aus 27 zunächst einmal grundsätzlich völlig souveränen Nationalstaaten, die seit einem knappen halben Jahrhundert in einen Prozess des schrittweisen Verzichts auf ebendiese nationale Souveränität eingebunden sind. Daher kann die Struktur der EU, die

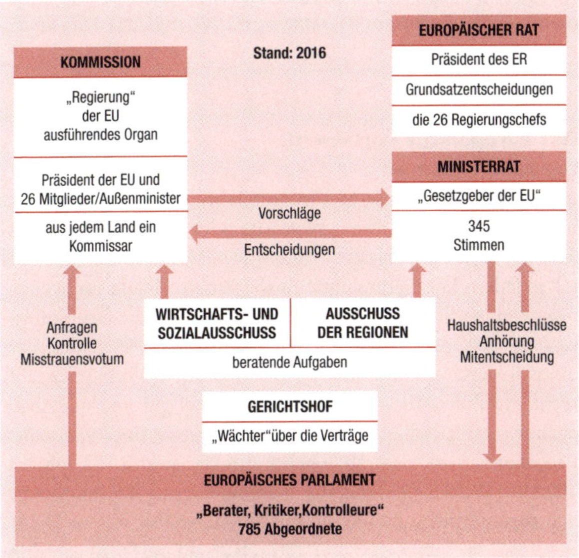

Die Organe der Europäischen Union

die Grafik auf S. 123 zeigt, nicht verglichen werden mit dem institutionellen Aufbau eines parlamentarisch-demokratischen Nationalstaates wie der Bundesrepublik. Die traditionelle innerstaatliche Gewaltenteilung zwischen einem vom Volk gewählten Parlament als oberstes Legislativorgan, einer von diesem Parlament gewählten und kontrollierten Regierung als oberstem Exekutivorgan und einer daneben unabhängigen Judikative mit entsprechenden Vollzugsbehörden ist nicht auf die institutionelle Struktur der EU anzuwenden. Allerdings führt häufig gerade dies zur Kritik an der „undemokratischen" und „undurchschaubaren" Struktur der EU.
Dies wird am deutlichsten beim Europäischen Parlament (das zunächst die Bezeichnung „Gemeinsame Versammlung" trug): Es fehlten ihm die zwei wesentlichen Kompetenzen eines Parlaments – das Recht zur ***Gesetzesinitiative*** und das ***Haushaltsrecht***.

Das Europäische Parlament

Der äußere Rahmen

■ *Wahlen:* Gewählt wird alle fünf Jahre. Alle Bürger der EU haben wahlweise an ihrem Wohnsitz oder in ihrem Herkunftsland das aktive und passive Wahlrecht bei Europawahlen. Dabei gilt in jedem Mitgliedstaat nationales Wahlrecht, da es ein europaweit einheitliches Wahlverfahren, das schon die Gründungsverträge gefordert haben, noch nicht gibt. Seit 1999 gelten allerdings folgende Grundsätze: Es soll nach dem Verhältniswahlrecht gewählt werden, die 5 %-Sperrklausel gilt und ein Abgeordneter kann nicht gleichzeitig Abgeordneter eines nationalen Parlaments sein. Seit 1979 wird direkt gewählt. Es gibt ca. 300 Mio. Wahlberechtigte, die Wahlbeteiligung hat kontinuierlich abgenommen, von 63 auf mittlerweile 57 %.

■ *Anzahl der Abgeordneten:* 732, Deutschland 99 Abgeordnete, Österreich 21. Frankreich, Großbritannien und Italien je 87, Spanien 64, die Niederlande 31, Belgien, Griechenland und Portugal je 25, Schweden 22, Dänemark und Finnland 16, Irland 15, Luxemburg 6, Polen 50, Ungarn und Tschechen je 20, Slowakei 13, Litauen 12, Lettland 8, Slowenien 7, Estland und Zypern je 6, Malta 5. Rumänien 33, Bulgarien 17 Mandate.

■ ***Fraktionen:*** Die Abgeordneten schließen sich in Fraktionen zusammen. Im gegenwärtigen Parlament (Stand 1.1.2005) gibt es folgende Fraktionen: SPE (sozialdemokratisch – 180 Sitze); EVP (christdemokratisch – 233 Sitze); LDPE (liberal – 50 Sitze); Grüne/FEA (ökologisch – 48 Sitze); VEL/NGL (europäische Linke – 42 Sitze); UEN (Union für Europa – 30 Sitze); EDU (Europa für Demokraten – 16 Sitze); TUA (technische Fraktion für Unabhängige – 18) und 9 fraktionslose Abgeordnete.

■ Die Fraktionen sind übernational, also den Abgeordneten aller Nationalitäten offen; Abgeordnete aus demselben Mitgliedstaat können innerhalb einer Fraktion Gruppen bilden. Die Abgeordneten sitzen nicht nach Herkunftsländern, sondern nach Fraktionen vereint im Plenarsaal.

■ ***Präsidium:*** Das Parlament wählt aus seiner Mitte einen Präsidenten und vierzehn Vizepräsidenten für jeweils eine halbe Wahlperiode (2 1/4 Jahre).

■ ***Sitzungen:*** Elf bis zwölf Wochen im Jahr sind für Plenarsitzungen in Straßburg vorgesehen. Dazwischen sind die Wochen mit Tagungen der Ausschüsse und Sitzungen der Fraktionen ausgefüllt; sie tagen in der Regel in Brüssel.

■ ***Sitz:*** Straßburg ist Sitz des Europäischen Parlaments, das Generalsekretariat ist in Luxemburg. Von seinen 4000 Bediensteten arbeiten rund 1200 in Brüssel und in den Informationsbüros in den Hauptstädten der 15 Mitgliedstaaten. Das Europäische Parlament arbeitet also an drei Orten: Straßburg, Luxemburg und Brüssel.

■ ***Ausschüsse:*** Um Themen sachgerecht und fachkundig behandeln zu können, spezialisieren sich die Abgeordneten; sie werden in Ausschüsse gewählt, die für bestimmte Sachbereiche zuständig sind. Ausschüsse (zur Zeit 20) bereiten die Arbeit der Plenarsitzungen vor.

Aufgaben und Kompetenzen – Stationen der Kompetenzerweiterung

1952: Der Gründungsvertrag der EGKS sah eine ***Gemeinsame Versammlung*** vor: 78 Abgeordnete aus den nationalen Parlamenten der sechs Mitgliedstaaten der EGKS. Die Versammlung hatte nur beratende Funktion, also keine Befugnis, etwas zu entscheiden.

1958: Erweiterung auf 142 Abgeordnete, aber nicht mehr Befugnisse als früher. Die Versammlung gab sich nun den Namen ***Europäisches Parlament***. In den EG-Verträgen findet sich diese Bezeichnung allerdings erst seit 1986.

1971: Seit 1971 verfügt die EG über eigene Einnahmen. Damit wurde eine Haushaltsgesetzgebung nötig. Deshalb haben die Mitgliedstaaten dem Parlament erstmals legislative Befugnisse eingeräumt. Es ist seither an Aufstellung und Verabschiedung des Haushalts beteiligt. Im Bereich der ***nichtobligatorischen Ausgaben*** (ca. 50 % des Haushalts) kann das Parlament die Ausgabenhöhe und die Verteilung der Gelder festlegen, zudem muss der Präsident den jährlichen Haushalt „feststellen", d. h., alle Gesetz verabschieden.

1975: Das Europäische Parlament kann nun Änderungen des Haushalts vornehmen und ihn endgültig verabschieden oder ablehnen.

1986: In der ***Einheitlichen Europäischen Akte*** (erste umfassende Änderung der Gründungsverträge, seit 1987 in Kraft) wurden die Rechte des Europäischen Parlamentes erneut erweitert. Es ist seitdem durch ein „Verfahren der Zusammenarbeit" beteiligt an der allgemeinen Gesetzgebung in wichtigen Bereichen. Außerdem bedürfen Beitritts- und Assoziierungsverträge seiner Zustimmung.

1993: Im Vertrag über die Europäische Union (Maastrichter Vertrag) kommt in bestimmten Bereichen der europäischen Gesetzgebung ein „Verfahren der Mitentscheidung" hinzu: Das Europäische Parlament kann dabei einen Gesetzentwurf auch gegen das Votum des Ministerrates endgültig zu Fall bringen.

Die **Europäische Kommission** formuliert einen „Vorschlag".

↓

Der „Vorschlag"
geht an das **Europäische Parlament** und an den **Rat**.

↓

Das **Europäische Parlament**
nimmt in 1. Lesung zu dem „Vorschlag" Stellung.

↓

Die **Kommission** kann den „Vorschlag" nun überarbeiten.

↓

Der „Vorschlag" wird im **Rat** in 1. Lesung behandelt;
der Rat beschließt einen „Gemeinsamen Standpunkt" (GP).

„Mitentscheidung"

Das **Europäische Parlament**
kann in 2. Lesung den „GP" – billigen –
ändern – seine Ablehnung ankündigen.

↓

Der **Rat** verfährt nun in 2. Lesung so:
– Rat beschließt endgültig
– Rat billigt Änderungen des EP und
beschließt endgültig; oder: Rat billigt
Änderungen nicht: Vermittlungsausschuss.

↓

Vermittlungsausschuss
(paritätisch aus Rat und EP) findet
– gemeinsamen Entwurf
– keinen gemeinsamen Entwurf.

↓

– Billigen **Rat und EP** in 3. Lesung
den „gemeinsamen Entwurf",
ist der Rechtsakt beschlossen;
– lehnt **Rat** oder **EP** den
„gemeinsamen Entwurf" ab, ist der
Rechtsakt gescheitert.

„Zusammenarbeit"

Das **EP** kann in 2. Lesung den „GP"
– billigen – ändern
– ablehnen.

↓

Der **„GP"** geht zurück an die **Kommission**.
Sie kann Änderungen des EP übernehmen
oder mit Begründung ablehnen.

↓

Der **Rat** beschließt in 2. Lesung endgültig
– mit qualifizierter Mehrheit,
– einstimmig, soweit überprüfter Vorschlag
der Kommission geändert wird,
sonst mit qualifizierter Mehrheit,
– einstimmig.

Gesetzgebungsverfahren in der Europäischen Union nach dem Verfahren der „Mitentscheidung" und „Zusammenarbeit"

Zusammenarbeit und ***Mitentscheidung*** übertragen dem Europäischen Parlament vergleichbare Rechte, wie sie der Bundesrat bei „einfachen" und „Zustimmungsgesetzen" hat.
Zwei seit 1995 geltende Kompetenzen haben dem Europäischen Parlament 1999 einen gewichtigen, nicht zu unterschätzenden Machtzuwachs gebracht:

- Es kann Untersuchungsausschüsse einsetzen, um vermutete Verstöße gegen das Gemeinschaftsrecht zu prüfen.
- Die Ernennung der Kommission bedarf seiner Zustimmung.

1999: Die vorläufig letzte Etappe auf dem Weg zu mehr Macht bildet der Amsterdamer Vertrag, der am 1.5.1999 in Kraft getreten ist. Das Mitbestimmungsrecht bei der Gesetzgebung wird von 15 auf 38 Sachgebiete ausgedehnt – außer Landwirtschaftsfragen so gut wie alle Bereiche, in denen der Rat per Mehrheitsvotum entscheidet. Gesetze, die jeden Bürger betreffen, wie etwa Gesetze zum Binnenmarkt, zum Verbraucher- und Umweltschutz oder zur Gesundheits- und Verkehrspolitik, bedürfen der Zustimmung der Abgeordneten.
2009: Der Lissabonner Vertrag bringt weitere Kompetenzerweiterungen: Das Mitentscheidungsverfahren wird zum „ordentlichen Gesetzgebungsverfahren" und ist nun für fast alle Politikbereiche gültig. Der Agrarsektor (46 % des Gesamthaushaltes) wird mit in die Haushaltskontrolle einbezogen. Die Anzahl der Abgeordneten wird auf 750 verringert.

Grenzen der Kompetenzen

Die Kompetenzen des Europäischen Parlaments enden dort, wo sich die Mitgliedstaaten an ihre Souveränität klammern und auf ihrem ***Vetorecht*** im Rat beharren. Deshalb haben die Europa-Abgeordneten in der Steuerpolitik und bei Außenbeziehungen, Sicherheit und Verteidigung nicht viel zu melden. Doch die Bestellung des bisherigen NATO-Generalsekretärs Solanas zum „Außenminister" der EU im Sommer 1999 zeigt, dass sich auch hier das Kräfteverhältnis zugunsten des Parlaments ändert.

Dennoch hat das Europäische Parlament nach wie vor nicht das eigentlich wichtigste Recht der Legislative, nämlich das Initiativrecht. Das heißt, es kann keine eigenen Gesetzentwürfe vorlegen, sondern lediglich, wie der Rat, die Kommission auffordern, Gesetzesentwürfe auszuarbeiten, die seiner Ansicht nach nötig sind.

Da die Begrifflichkeit in der EU von der gewohnten abweicht, ein paar kurze Definitionen. Innerhalb der EU ist

- eine ***Verordnung*** ein in der gesamten EU unmittelbar gültiges und in allen Teilen verbindliches Gesetz, das über dem nationalen Recht steht;
- eine ***Richtlinie*** eine Weisung an die EU-Staaten, nationale Gesetze oder Vorschriften so zu ändern oder neu zu erlassen, dass das in der Richtlinie benannte und verbindliche Ziel erreicht wird. Die Richtlinie überlässt den EU-Staaten die Wahl der Form und der Mittel, mit denen sie dieses Ziel in nationales Recht umsetzen;
- eine ***Entscheidung*** ein Rechtsakt, der Einzelfälle verbindlich regelt, z. B. für einen Staat oder ein Unternehmen.

Der Rat

Der äußere Rahmen

Ein „Rat" in der Europäischen Union setzt sich immer aus jeweils einem Minister jedes Mitgliedstaates zusammen, der befugt ist, für die Regierung seines Staates verbindlich zu handeln.

Der ***Europäische Rat*** wird gebildet von den 15 Regierungschefs. Ist nur allgemein vom ***Rat*** die Rede, so ist damit gewöhnlich die Zusammenkunft aller Außenminister gemeint, auch „Rat für allgemeine Angelegenheiten" genannt. Oft treten aber andere Minister als Rat zusammen, je nachdem, in welchem Fachbereich Entscheidungen anstehen. Dann wird der Bezeichnung i. d. R. das Fachressort (z. B. Rat der Agrarminister) oder der Fachbereich angehängt (z. B. Rat Umwelt).

■ ***Generalsekretariat:*** Der Rat wird in seiner Arbeit unterstützt von einem Generalsekretariat in Brüssel (etwa 2300 Beamte), einem Ausschuss der „Ständigen Vertreter“ (Botschafter) der Regierungen der EU-Staaten und Ausschüssen mit Beamten der nationalen Fachministerien.

■ ***Sitz:*** Der Rat hat seinen Sitz in Brüssel und tagt gewöhnlich auch dort; in drei Monaten pro Jahr (April, Juni, Oktober) hält er seine Tagungen in Luxemburg ab. Die Ratssitzungen fanden vor 1993 stets unter Ausschluss der Öffentlichkeit statt. Der Europäische Rat hat 1992 beschlossen, dass der Rat der Minister künftig zunächst in einigen Bereichen seiner Arbeit öffentlich (durch Fernsehübertragung) debattiert und Abstimmungsprotokolle veröffentlicht.

■ ***Präsidentschaft:*** Seit Dezember 2009 übernimmt den Vorsitz der „Präsident des Europäischen Rates“. Er wird auf 2 1/2 Jahre gewählt, einmalige Wiederwahl ist zulässig.

■ ***Troika:*** Die Präsidentschaft bildet mit ihrer Vorgängerin und der Nachfolgerin die Troika, sodass Kontinuität gewährleistet werden kann. Die ***Troika*** spielt besonders in der Gemeinsamen Außen- und Sicherheitspolitik (GASP) eine Rolle.

Aufgaben

Der Rat der Europäischen Union ist der natürliche Gegenpart der „europäischen“ Organe Parlament und Kommission: Im Rat vertreten die einzelnen Staaten ihre nationalen Interessen, hier muss der Kompromiss gefunden werden zwischen den „europäischen“ Zielen von Kommission und Parlament und den unterschiedlichen Wünschen und Pflichten der 27 Länder. Die Gründungsverträge von 1957 hatten dem Rat die gesetzgebende Gewalt übertragen. Nur er konnte bis 1993 Rechtsakte mit Gesetzeskraft erlassen oder verhindern. Damit hatte der Rat eine große, nach Ansicht von Kritikern eine zu große und zu wenig kontrollierte Macht.

Heute, in der EU, muss der Rat in vielen Politikbereichen vor seiner Beschlussfassung eng mit dem Europäischen Parlament

zusammenarbeiten, in einigen kann er nicht gegen dessen absolute Mehrheit entscheiden (↗ Grafik S. 127).
Der Rat kann nur Beschlüsse fassen, wenn ihm ein Gesetzentwurf („Vorschlag“) der Kommission vorliegt. Er kann solche Vorschläge von der Kommission auch anfordern. Der Vorschlag der Kommission wird zunächst im Ausschuss der Ständigen Vertreter beraten. Hier wird versucht, Gegensätze in den Meinungen der Einzelstaaten so weit wie möglich auszuräumen. In genau bestimmten Fällen (Landwirtschaft, Verkehr, Steuern) kann der Rat nach Anhörung des Parlaments sofort beschließen, also ein Gesetz verabschieden.
Der Vertrag über die Europäische Union sieht für einige wichtige Politikbereiche wie Binnenmarkt, Bildung, Forschung oder Umwelt vor, dass der Rat einen Vermittlungsausschuss einberufen muss, wenn er Änderungen des Parlaments aus zweiter Lesung ablehnt. Er kann diese Änderungen also nicht mehr durch einstimmiges Votum überstimmen. Kommt im Vermittlungsausschuss eine Einigung zustande, folgt eine dritte Lesung.
Beschlüsse kann der Rat auf dreierlei Weise fassen:
mit einfacher Mehrheit (selten), mit qualifizierter Mehrheit oder einstimmig. Bei einstimmigen Beschlüssen oder einfachen Mehrheitsbeschlüssen hat jedes Land eine Stimme. Bei Beschlüssen mit qualifizierter Mehrheit haben die Länder ein unterschiedliches, in etwa ihrer Größe entsprechendes Gewicht. Nach dem Nizza-Gipfel 2001 wurde der Stimmenanteil des Rates erheblich aufgestockt (von 87 auf 237). Sie verteilen sich wie folgt: Großbritannien, Frankreich, Deutschland und Italien je 29, Spanien 27, Niederlande, Belgien, Griechenland und Portugal je 12, Schweden und Österreich je 10, Dänemark, Finnland und Irland je 7, Luxemburg 4. Ab 2004 sind die neu aufgenommenen Länder wie folgt vertreten: Polen 27, Tschechien und Ungarn je 12, Litauen und Slowakei je 7, Lettland, Slowenien, Estland und Zypern je 4, Malta 3. Für Rumänien sind später 14 und für Bulgarien 10 Stimmen vorgesehen.

Die Europäische Kommission

Der äußere Rahmen

■ *Zusammensetzung:* Die Kommission hat (ab dem 1. 1. 2007) 27 Mitglieder (Kommissare); sie müssen Staatsangehörige eines Mitgliedslandes sein. Jedes Land der EU entsendet einen Kommissar. Seit 1995 gilt folgendes Ernennungsverfahren: Die Regierungen der EU-Länder benennen den Präsidenten und in Abstimmung mit ihm die übrigen Kommissare zunächst nur vorläufig; für ihre Ernennung ist die Zustimmung des Europäischen Parlaments nötig.

■ *Amtszeit:* Sie währt fünf Jahre (der fünfjährigen Wahlperiode des Parlaments entsprechend).

■ *Verwaltung:* Sie ist in 24 Generaldirektionen gegliedert, etwa vergleichbar den Ministerien eines Staates. Der Kommission unterstehen überdies zehn hochrangige Dienststellen (z. B.: ein Generalsekretariat, ein Juristischer Dienst, ein Statistisches Amt), ferner Außenstellen und Forschungseinrichtungen, in den Mitgliedstaaten alles in allem etwa 20 000 Beamte. Darunter sind mehr als 2 200 Übersetzer und Dolmetscher (der Rat hat 1958 beschlossen, dass die Sprachen aller Mitgliedsländer der EU gleichberechtigte Amtssprachen der Organe der EU sind).

■ *Sitz:* Die Kommission sitzt in Brüssel; etwa 2 800 Beamte arbeiten in Luxemburg, 3 500 in Forschungseinrichtungen der EURATOM. Die Kommission hat Vertretungen in allen Mitgliedstaaten der EU und Delegationen in rund 100 Staaten in aller Welt (Botschaften vergleichbar). So sind z. B die deutschen Vertretungen in Berlin, Bonn und München angesiedelt. Hauptaufgabe ist Informationsvermittlung und Öffentlichkeitsarbeit.

■ *Tätigkeit:* Die Kommission verabschiedet im Jahr einige tausend Rechtsakte, vor allem Durchführungsbestimmungen für EU-weit gültige Gesetze. Sie legt außerdem dem Rat jährlich mehrere hundert Vorschläge (Entwürfe) für EU-Gesetze vor.

Aufgaben und Kompetenzen

Die Kommission ist das eigentliche Machtzentrum der EU. Sie ist in ihrer Funktion am ehesten mit der Regierung eines Nationalstaates vergleichbar und gilt daher allgemein als Exekutive der EU. Das beschreibt ihre Arbeit aber ungenau. Die Aufgaben der Kommission gehen über das hinaus, was Arbeit einer Exekutive ist. Dies gilt besonders für das Recht zur Gesetzesinitiative, also das Recht, Gesetzentwürfe einzubringen. Der Rat und das Europäische Parlament können allerdings die Kommission auffordern, Vorschläge vorzulegen. Zum Initiativrecht gehört, dass die gesetzgebenden Organe verpflichtet sind, sich mit dem eingebrachten Entwurf zu beschäftigen, darüber zu beraten und einen Beschluss zu fassen. Rat und Parlament können sich also nur mit der Gesetzgebung befassen, wenn ihnen ein Vorschlag der Kommission vorliegt. Die Kommission hat also erheblichen Einfluss darauf, wie und wie schnell die Gemeinschaft sich entwickelt. Sie wird deshalb auch „Motor“ der Gemeinschaft genannt.

- ***Exekutivrechte:*** Die Gemeinschaftsverträge bestimmen auch, welche Organe das Recht haben, das auszuführen und durchzusetzen, was die Gesetze fordern (***Exekutivrecht***). In den Bereichen gemeinsamer Politik setzt in den meisten Fällen die Kommission in die Praxis um, was die erlassenen Rechtsakte verlangen. Sie kann die dafür notwendigen Durchführungsvorschriften erlassen (soweit der Rat sich dies nicht selbst vorbehält). Gegen Einzelne (z. B. Unternehmen) kann sie Bußgelder verhängen. Diese Aufgaben der Kommission sind unter diesem Aspekt mit denen einer Verwaltung vergleichbar.
- ***Haushaltsrecht:*** Die Kommission stellt den Vorentwurf des Haushalts der Union auf und wirkt mit bei den weiteren Beratungen bis zur Verabschiedung. Alle Finanzmittel werden von der Kommission verwaltet. Der größte Teil des Haushalts fließt in verschiedene Fonds.
- ***Verwaltung der Fonds:*** Der größte Fonds ist der Europäische Ausrichtungs- und Garantiefonds für die Landwirtschaft (***EAGFL***), mit dem die Gemeinsame Agrarpolitik finanziert wird. Er

schluckt z. Zt. knapp die Hälfte des gesamten EU-Haushalts. Sein Anteil ist in den letzten Jahren gesunken und soll weiter verringert werden. Die Kommission verwaltet 5 weitere Fonds: Fischerei-, Europäischer Sozial-, regionaler Entwicklungs-, Entwicklungshilfe- und Kohäsionsfonds (↗ Grafik S. 140).

- *Kontrollrechte:* Die Kommission hat darüber zu wachen, dass Verträge und Recht der Union eingehalten werden, ist also „Hüterin der Verträge". Verstößt ein Mitgliedstaat gegen Unionsrecht, ist die Kommission verpflichtet, einzuschreiten und notfalls vor dem Europäischen Gerichtshof gegen den Mitgliedstaat Klage zu erheben. Von Verletzungen des Unionsrechts erfährt die Kommission durch eigene Beobachtung, auf Antrag einer Regierung oder durch Beschwerde eines Unternehmens oder eines Bürgers. Diese Pflicht der Kommission, gegen Vertragsverstöße einzuschreiten, gibt allen Regierungen der EU-Staaten die Sicherheit, dass kein Mitglied sich unerlaubt Vorteile erschleicht.

Unabhängigkeit

Die Mitglieder der Kommission üben ihr Amt „in voller Unabhängigkeit zum allgemeinen Wohl der Gemeinschaft aus" (Art. 157 EG-Vertrag); sie sind also weder dem Ministerrat noch ihren heimatlichen Regierungen verantwortlich. Sie dürfen Anweisungen einer Regierung oder einer anderen Stelle weder anfordern noch entgegennehmen. Sie sind allein „Europa" verpflichtet. Gäbe es eine europäische Regierung, wären sie deren Minister. Im Gegensatz zum Minister eines Staates aber trifft ein EU-Kommissar allein keine Entscheidung. Beschlüsse kann die Kommission nur im Ganzen fassen. Ähnlich den Ministern einer Regierung sind auch die Kommissare einzeln für bestimmte Aufgabenbereiche zuständig.

Der Europäische Gerichtshof

Der äußere Rahmen

Die je 15 Richter des Gerichtshofs und des Gerichts erster Instanz werden von den Regierungen der EU-Staaten auf sechs Jahre ernannt, ebenso die neun ***Generalanwälte***, die unparteiisch und unabhängig mit ***Schlussanträgen*** die Entscheidungen des Gerichtshofs vorbereiten. Er hat seinen Sitz in Luxemburg.

Aufgaben und Kompetenzen

Der Gerichtshof ist das oberste Gericht der Gemeinschaft. Er sichert die Wahrung des Rechts bei der Auslegung und Anwendung der Verträge (Art. 164 des EG-Vertrages). Er entscheidet beispielsweise aufgrund einer Klage eines Mitgliedstaates oder eines EU-Organs, ob in einem Einzelfall gegen Unionsrecht verstoßen wurde.

Neben Urteilen zu den Verträgen (dem ***primären EU-Recht***) und den Rechtsakten der Gemeinschaft (dem ***Sekundärrecht***) trifft der Gerichtshof immer häufiger Vorabentscheidungen, das heißt: Wenn ein nationales Gericht in einem Prozess eine Frage des Europarechts für entscheidend hält, kann es dem EuGH diese Frage zur Entscheidung vorlegen. Sie ist dann für das nationale Gericht bindend. Durch dieses Verfahren wird gewährleistet, dass Europarecht in allen EU-Ländern einheitlich ausgelegt wird. Eines der bekanntesten Urteile des EuGH war z. B. das „Bosman-Urteil" von 1995, das erhebliche Umstellungen im europäischen Profifußball nach sich zog: Nach der „Ausländer-Regel" war es deutschen Fußballvereinen untersagt, mehr als drei ausländische Spieler pro Spiel einzusetzen. Der EuGH entschied nach Klage des Fußballspielers Bosman, dass in EU-Staaten Staatsangehörige anderer EU-Staaten nicht als Ausländer behandelt werden dürfen.

Am 11. 1. 2000 entschied der EuGH aufgrund einer Klage einer deutschen Staatsbürgerin, dass in der Bundeswehr ein widerrechtliches Berufsverbot herrsche und Frauen nicht vom Waffendienst in Kampfverbänden ausgeschlossen werden dürfen.

Der Konvent

Im Dezember 2000 wurde auf dem Gipfel von Nizza eine ***Grundrechtcharta der EU*** verabschiedet. Die Verabschiedung der Charta sowie deren etwaige Aufnahme in die Verträge sind Bestandteil der Debatte über den Sinn und Zweck einer Europäischen Verfassung. Die gemeinsamen Grundrechte, die ja auch im Grundgesetz der Bundesrepublik Deutschland den ersten Teil bilden, sollen die Vorstufe bzw. der erste Schritt zur Ausarbeitung einer europäischen Verfassung bilden. Das klingt auf den ersten Blick einleuchtend, die Schwierigkeiten stecken aber wie immer im Detail, denn Menschen- oder Grundrechte betreffen ausschließlich das Verhältnis des Einzelnen zur Staatsmacht und sichern dem Bürger die staatsfreie Privatsphäre, innerhalb derer er sich frei entfalten kann und soll. Alle weiteren Abschnitte einer Verfassung aber tangieren – wie ein Blick in das Grundgesetz zeigt – unmittelbar die Machtkompetenzen der einzelnen nati-

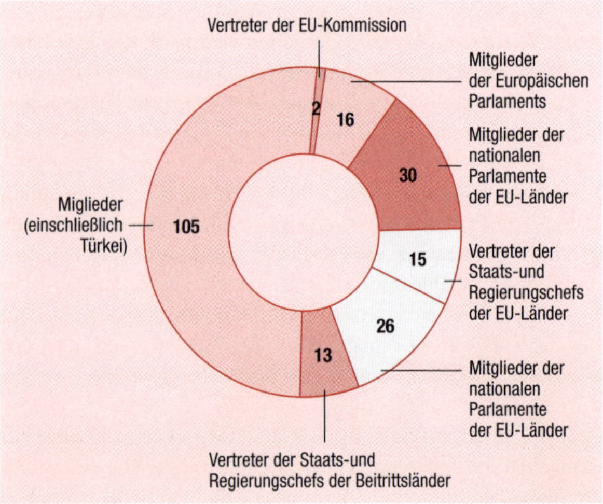

Zusammensetzung des EU-Konvents

onalen und europäischen Institutionen! Zur Beratung des Verfassungsentwurfes wurde ein neues Gremium geschaffen: der Europäische Konvent.
Der Konvent hat eine umfassende Debatte unter Beteiligung aller Bürger geführt. Er sah sich als Forum, das allen Organisationen offensteht, welche die Zivilgesellschaft repräsentieren (Sozialpartner, Wirtschaftskreise, Nichtregierungsorganisationen, Hochschulen usw.). Diese Organisationen wurden regelmäßig über die Arbeiten des Konvents unterrichtet, ihre Beiträge flossen in die Debatte ein. Nach intensiver Arbeit legte der Konvent am 22.6.2003 dem europäischen Rat einen „Verfassungsentwurf" vor.

Die Europäische Verfassung

Die Verfassung soll die bisherigen Grundlagenverträge, insbesondere den Amsterdamer Vertrag, ablösen und der Europäischen Union eine einheitliche Struktur geben. Sie gliedert sich in die folgenden Bereiche:

- Präambel: Sie nimmt, „in der Gewissheit, dass die Völker Europas […] entschlossen sind, […] immer enger vereint ihr Schicksal gemeinsam zu gestalten", Bezug auf die „kulturellen, religiösen und humanistischen Überlieferungen Europas" und enthält keinen expliziten Gottesbezug.
- Teil I: Grundsätze: Er definiert Struktur und Ziele der Union, klärt die verschiedenen Zuständigkeiten insbesondere der politischen Organe und die Grundsätze ihrer Finanzierung und hält das Motto der EU fest: „In Vielfalt geeint".
- Teil II: Charta der Grundrechte: Hier werden die Grundrechte für die Europäische Union explizit genannt, orientiert an der Europäischen Menschenrechtskonvention.
- Teil III: Die einzelnen Politikbereiche: Der umfangreichste Teil übernimmt wesentliche Regelungen hauptsächlich aus dem Amsterdamer Vertrag. Der Konvent hat die bestehenden Paragraphen überarbeitet und neu strukturiert. Dieser Abschnitt ist von ganz entscheidender rechtlicher Bedeutung, denn er regelt

genau die Details bei der Umsetzung der in Teil I festgelegten Grundsätze.

- Teil IV: Übergangs- und Schlussbestimmungen sowie das Verfahren bei künftigen Verfassungsänderungen.
- Anhang: Protokolle gehören explizit zum Verfassungstext hinzu und regeln bzw. garantieren das Prinzip der Subsidiarität sowie Klage- und Einspruchsrechte der nationalen Parlamente und die Stimmenverteilung in Rat und Parlament.

Das Ratifizierungsverfahren bleibt Sache der einzelnen Mitgliedstaaten: Einige entschieden sich für ein Referendum (Volksentscheid), andere (darunter Deutschland) für eine Abstimmung im Parlament oder für eine Mischform. 2005 scheiterten die Referenden in Frankreich und Holland, d. h., in beiden Ländern votierte eine Mehrheit gegen die Europäische Verfassung. Daraufhin wurde am 13. 12. 2007 in Lissabon der gleichlautende Vertrag unterzeichnet, der die Verfassung ersetzt und eine gleichsam „abgespeckte" Version der Verfassung erhält und insbesondere auf alle überstaatlichen Symbole wie Nationalhymne, europäische Flagge etc. verzichtet. Zu den Neuerungen zählen die Ausweitung des Mitentscheidungsverfahrens auf die polizeiliche und justizielle Zusammenarbeit in Strafsachen, die stärkere Beteiligung der nationalen Parlamente bei der Rechtsetzung der EU, die Rechtsverbindlichkeit der EU-Grundrechtecharta und die Regelung eines EU-Austritts.

3.4 Struktur- und Wirtschaftspolitik der EU

Subsidiarität und Regionalisierung

Viele Europäer befürchten eine allzu zentralistische Entwicklung der europäischen Einigung. Sie werben für eine stärkere Verankerung föderaler Strukturprinzipien: ein Europa der Regionen. Dieser Begriff aber bezeichnet in Europa ganz verschiedene Phänomene und Strukturen:

- Zum einen wird er verwendet für innerstaatliche, aber auch grenzüberschreitende Organisationsstrukturen, die geschaffen wurden, um bestimmte ***Infrastrukturmaßnahmen*** durchzuführen. Beispiele sind die Arbeitsgemeinschaft der Alpenländer oder die Internationale Bodenseekonferenz.
- Zum anderen bezeichnet er Räume, deren geografische Merkmale die Wirtschaft und die Lebensweise der dort ansässigen Bevölkerung prägen und in denen sich die Menschen durch ihre ethnische, kulturelle und geschichtlich gewachsene Eigenart miteinander verbunden fühlen.
- Für die politische Entwicklung Europas ist vor allem folgende Definition des Begriffs ***Region*** relevant: Regionen sind Gebietskörperschaften, die unterhalb der nationalen Regierung angesiedelt sind und die über ein politisches Organ einer direkt gewählten Regionalkammer verfügen. In den 15 EU-Ländern gibt es insgesamt 177 Regionen (z. B. deutsche Bundesländer, französische Regionen). Die so definierten „Regionen" können unterhalb der Ebenen der europäischen Institutionen bzw. der Nationalstaaten das subsidiäre, unterstützende Bauelement des zukünftigen Europa sein bzw. werden. Daher ist durch den Vertrag von Maastricht das Prinzip der ***Subsidiarität*** in die grundlegenden Verträge über die Europäische Integration eingeführt worden.

Der Vertrag schafft mit dem ***Ausschuss der Regionen*** (AdR) erstmals eine Einrichtung, die den Regionen Europas ein – wenn auch bescheidenes – politisches Gewicht verleiht. Neben der supranationalen Ebene der Europäischen Union und der Ebene der Nationalstaaten bilden die Regionen die dritte Ebene im politischen Entscheidungsprozess. Der Ausschuss der Regionen besitzt 222 Mitglieder. Damit ist der AdR der weltgrößte Zusammenschluss von Politikern und Vertretern lokaler und regionaler Gebietskörperschaften. Der Ausschuss der Regionen hat keine Entscheidungskompetenz, sondern ausschließlich beratende Funktion.

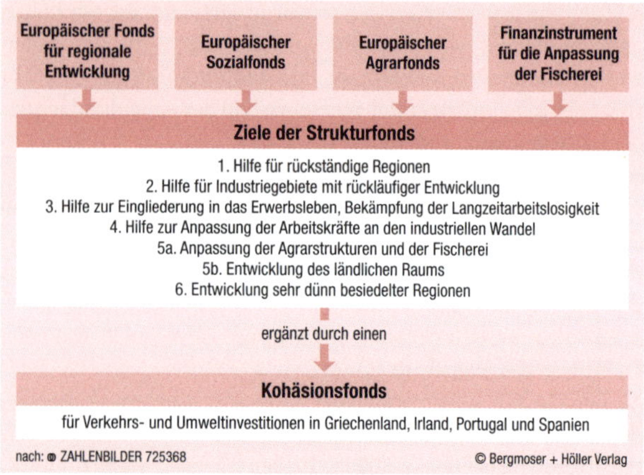

Die Strukturfonds

Regionale Strukturpolitik

Die Unterschiede im Lebensstandard innerhalb der Europäischen Union sind groß. Vergleicht man statt der 15 Länder ihre 177 Regionen, werden die Gegensätze noch deutlicher. Zwischen den reichsten und den ärmsten Regionen herrscht ein ***Wohlstandsgefälle*** von sechs zu eins.

Zu den ärmsten Regionen zählen der Großteil Spaniens und Portugals, Irland, Finnland, die Türkei, Süditalien und die fünf neuen Bundesländer, zu den reichsten die süd- und mitteldeutschen Bundesländer, Norditalien, Luxemburg und Dänemark.

Die EU versteht sich jedoch als Solidargemeinschaft, die mithilfe der Strukturpolitik den ärmeren Regionen den Anschluss an die reicheren ermöglichen will. Die finanziellen Mittel kommen aus Fonds, die aus dem Haushalt der EU gespeist werden: Neben den Strukturfonds gibt es noch den Kohäsionsfonds, aus dem vor allem Investitionen in die Infrastruktur der ärmsten EU-Länder (Griechenland, Irland, Portugal, Spanien) finanziert werden. Diese Länder gehören daher bisher zu den Nettoempfängern, d.h. Staaten, die weniger an EU-Beiträgen einzahlen, als sie aus den Kassen der Gemeinschaft an Unterstützung bekommen. Diese Situation wird sich allerdings bald ändern, denn die neu aufgenommenen Länder (bis auf Malta) haben ein deutlich niedrigeres BIP als die bisherigen Nettoempfänger. Zwei Konsequenzen zeichnen sich ab:

- Das Wohlstandsgefälle innerhalb der EU wird noch drastischer.
- Die bisherigen Empfängerländer werden zu Nettozahlern, müssen also mehr EU-Beiträge zahlen, als sie Unterstützung bekommen – etwas, das ganz sicher zu Konflikten und Problemen führen wird.

Der europäische Binnenmarkt

Ein Binnenmarkt ist ein Gebiet, worin das gesamte wirtschaftliche Geschehen sich nach weitgehend einheitlichen Regeln und gleichen Bedingungen abspielt. Er ist gewöhnlich identisch mit dem Hoheitsgebiet eines Staates. Ein gemeinsamer Binnenmarkt entsteht noch nicht, wenn mehrere Staaten untereinander sämtliche Zölle beseitigen und eine ***Freihandelszone*** oder eine ***Zollunion*** bilden. Das Geschehen in jedem nationalen Markt wird durch viele Gesetze und Verordnungen geregelt. Sie unterscheiden sich zum großen Teil von Regulierungen anderer nationaler Märkte, sind zum Teil sogar absichtlich entgegengerichtet. Sollen nun zwei oder mehrere nationale Märkte zusammengeschlossen werden zu einem gemeinsamen Binnenmarkt, so müssen Dutzende oder Hunderte von unterschiedlichen, marktregulierenden Bestimmungen geändert, aufgehoben, einander angepasst oder gegenseitig anerkannt werden, damit alle Personen und Unternehmen die gleichen Chancen, Rechte und Pflichten haben.
Seit Beginn des Jahres 1993 ist der Binnenmarkt, der die Staatsgebiete aller 15 EU-Länder umfasst, juristisch eingeführt, aber noch nicht verwirklicht. Die dafür notwendigen 219 Richtlinien der EU sind noch nicht vollständig in nationales Recht umgesetzt worden.

Ein Binnenmarkt wird begründet durch die folgenden vier Bedingungen: Freier Verkehr von

- Waren,
- Dienstleistungen,
- Kapital,
- Personen.

Die Grundidee des Gemeinsamen Marktes war ein Europa ohne Grenzen mit freiem und ungehindertem Waren-, Personen-, Dienstleistungs- und Kapitalverkehr („Die vier großen Freiheiten"). Ein wichtiger Schritt zur europäischen Einigung war die Verabschiedung der ***Einheitlichen Europäischen Akte*** (EEA), die am 1. Juli 1987 in Kraft trat. Sie legte fest, dass bis Ende 1992 ein einheitlicher europäischer Binnenmarkt zu schaffen sei. Industrie und Dienstleistungsunternehmen (z. B. Versicherungen, Transportunternehmen) müssen sich nicht mehr mit unterschiedlichen nationalen Steuern und Vorschriften herumschlagen, sondern können kostengünstig in hohen Stückzahlen für einen einzigen großen Markt ohne innere Grenzen produzieren und dürfen sich frei bewegen, ohne im anderen Mitgliedstaat gegenüber der heimischen Konkurrenz benachteiligt zu sein.

Damit im Binnenmarkt keine zu großen Wettbewerbsverzerrungen entstehen, sind zwei Bündel von Maßnahmen durchzuführen:

- Die Mindestanforderungen für Sicherheit und Gesundheit der Arbeitnehmer sowie für den Verbraucher- und Umweltschutz sind mithilfe von knapp 300 Verordnungen aus Brüssel festgelegt worden. Ansonsten soll jedes Produkt, das in einem Mitgliedstaat hergestellt und verkauft wird, auch in den anderen Ländern zum Verkauf angeboten werden können.
- Die Mehrwertsteuersätze und die Verbrauchsteuern (z. B. auf Alkohol, Tabak und Benzin) sollen so weit wie möglich einander angeglichen werden bzw. mindestens 15 % betragen. Da es im Binnenmarkt zwischen den Unions-Staaten nicht mehr Ein- und Ausfuhr gibt, muss zudem geregelt werden, welcher Staat (Ursprungs- und Verbrauchsland) die Steuer einziehen darf. Für den

Bereich Mehrwertsteuer bleibt es zunächst bei der Besteuerung im Verbrauchsland. Statt der Grenzkontrollen wurde ein Meldesystem der steuerpflichtigen Unternehmen eingeführt, die Kontrollen wurden also von der Grenze in die Betriebe verlegt.
Freie Grenzen für Personen: Freizügigkeit innerhalb der Union schließt freie Ein- und Ausreise, freien Aufenthalt, freies Wohnrecht, Niederlassungsfreiheit, Freiheit der Arbeitsplatzwahl ein. Diese Freizügigkeit gilt für alle EU-Bürger, wenn sie über Mittel verfügen, um ihren Lebensunterhalt zu bestreiten und eine ausreichende Krankenversicherung abgeschlossen haben, jede Diskriminierung (Schlechterstellung) von Bürgern eines Mitgliedslandes in einem anderen Land der Union aufgrund ihrer Staatsangehörigkeit ist im Binnenmarkt verboten, da es wirtschaftlich gesehen Inland ist (z. B. das Bosman-Urteil ↗ S. 135).

Das Schengener Abkommen

Die Regierungen Deutschlands, Frankreichs und der drei Benelux-Staaten (später auch Italien, Portugal, Spanien, Griechenland, Österreich, Dänemark, Schweden, Finnland, Island und Norwegen) haben 1985 das Schengener Abkommen über den schrittweisen Abbau der Personenkontrollen an den gemeinsamen Grenzen unterzeichnet. Die mit freien Grenzen verbundenen Sicherheitsfragen (Verfolgung von Straftätern über Grenzen, unterschiedliche Waffen- und Drogengesetze, unterschiedliches Asylrecht) erforderten aber genaue Regelungen, wie in der Praxis durchgeführt werden soll, was das Abkommen bestimmt.
Diese Regelungen sind im ***Schengener Durchführungsübereinkommen*** von 1990 festgelegt. Das Abkommen bietet die für den Binnenmarkt wichtige völlige Freizügigkeit für Personen. Noch nicht gelöst ist allerdings die Harmonisierung der Drogenpolitik. Deshalb hat Frankreich seine Kontrollen an den Grenzen zu Belgien nicht aufgehoben, weil dort Drogenimport aus den Niederlanden befürchtet wird, dem einzigen EU-Land, in dem „leichte“ Drogen (wie Cannabis-Produkte) für den Eigenbedarf frei verkäuflich sind.

Das Problem der „Kabotage"

Traditionell ist die Kabotage (Warentransport innerhalb eines Landes) inländischen Fuhrunternehmen vorbehalten. Dieser Vorbehalt widerspricht aber dem Gebot der Dienstleistungsfreiheit im Binnenmarkt. Die Aufhebung brachte den nationalen Fuhrunternehmen ungewohnte Konkurrenz und erfordert die schwierige Angleichung vieler nationaler Regelungen (verkehrsspezifische Steuern, Straßenbenutzungsgebühren, Sicherheits- und Umweltstandards). Für den Straßengüterverkehr wurde die Kabotage seit Mitte 1990 schrittweise geöffnet; ab Mitte 1998 ist sie für alle Transportunternehmen in der Europäischen Union frei.

Um nationale Wettbewerbsvorteile auszugleichen, beschloss der Rat im Juni 1993 einen Mindestsatz für Lkw-Steuern und die grundsätzliche Genehmigung zur Erhebung von Autobahngebühren.

Der Gemeinsame Agrarmarkt

Von den vielen Bereichen der Politik sind als Erstes die Agrar- und Fischereipolitik sowie der Außenhandel voll in die Verantwortung der EU-Organe übergegangen. Die Mitgliedsländer verzichten also für diese Bereiche auf ihre souveränen Rechte (Haushaltsrecht). Der gemeinsamen Agrarpolitik kommt dabei allein aufgrund ihres hohen Anteils am EU-Haushalt (knapp 48 % – aber mit abnehmender Tendenz – Stand 1. 1. 2003) eine besondere Bedeutung zu. Alle Agrargüter können – wie die industriellen Erzeugnisse auch – frei von Zöllen in der ganzen EU gehandelt werden.

Im Gegensatz zum Markt für Industriegüter, der sich möglichst ohne Reglementierungen frei entfalten soll, legt die Gemeinschaft für die wichtigsten Agrargüter genaue und verbindliche Regeln fest:

- Einfuhren vom Weltmarkt werden durch ***Abschöpfungen*** – eine Art Außenzoll – so stark belastet, dass sie normalerweise in der EU etwas teurer sind als die Preise, die den EU-Landwirten

Vor- und Nachteile des gemeinsamen Marktes	
Kontra-Argumente	***Pro-Argumente***
Der Binnenmarkt ist den Bedürfnissen großer Konzerne nach hohen Stückzahlen angepasst, er überfordert kleine und mittlere Untemehmen.	Ein Markt mit fast 350 Mio. Verbrauchern erlaubt wegen seiner Größe eine kostengünstigere Produktion. Nutznießer des Binnenmarktes ist daher letztlich der Verbraucher.
Infolge des sich verschärfenden Wettbewerbs können sich der hohe Stand der sozialen Sicherheit und das Lohnniveau in der BRD nicht halten lassen.	Die weltweite Konkurrenzfähigkeit der EU wird gestärkt, sodass der erreichte Wohlstand noch erhöht und die Zahl der Arbeitsplätze zunehmen wird. Ein „Sozial- oder Lohndumping" wird es daher nicht geben.
In der Umweltpolitik besteht die Gefahr der Nivellierung auf dem kleinsten gemeinsamen Nenner, da z. B. Frankreich sich in Fragen des Umweltschutzes (z. B. bei der Altautoverordnung) häufig nicht sehr aufgeschlossen gezeigt hat.	Im Umweltschutz ist ein mittleres Niveau im europäischen Rahmen einer isolierten nationalen Umweltpolitik mit optimalen Grenzwerten auf jeden Fall vorzuziehen.
Die wirtschaftlich unterentwickelten Staaten der EU werden durch den sich verschärfenden Konkurrenzkampf noch mehr ins wirtschaftliche Abseits geraten.	Für die Standortwahl der Unternehmen sind neben Lohnhöhe und Sozialkosten auch noch andere Faktoren wie die Qualität der Infrastruktur oder das Ausbildungsniveau der Arbeitskräfte entscheidend.
	Die regionale Strukturpolitik soll den sozialen Ausgleich schaffen.

garantiert werden. Die allermeisten EU-Agrargüter haben also innerhalb der Gemeinschaft bessere Absatzchancen.

- Umgekehrt wird bei EU-Ausfuhren dem Exporteur eine *Ausfuhrerstattung* gezahlt, die den Preisunterschied zwischen (höherem) Gemeinschaftspreis und Weltmarktpreis ausgleicht – also nichts anderes als die klassische Schutzzollpolitik ist.
- Für Getreide, Rindfleisch, Milch und Zucker werden darüber hinaus in *Marktordnungen* Mindestpreise fest garantiert, sodass auch eine Überproduktion innerhalb der EU nicht zu einem Preisverfall führt. Diese Garantien werden aber mittlerweile auf bestimmte Höchstmengen begrenzt. Die Preisgarantie wird da-

durch eingelöst, dass diese Produkte zu den festgesetzten Mindestpreisen (***Interventionspreisen***) von Interventionsstellen aufgekauft werden, wenn der Bauer auf dem freien Markt keinen höheren Preis erzielt.

Die Agrarpolitik der EU hat dazu geführt, dass
- die Nahrungsversorgung ihrer Bevölkerung gesichert ist – was bei der Gründung der Gemeinschaft nicht der Fall war –, wenn auch zu verhältnismäßig hohen Preisen und Kosten;
- die Produktivität der Landwirtschaft erheblich gestiegen ist, allerdings verbunden mit z. T. enormen Überschüssen bei vielen Agrarprodukten sowie dem zunehmenden Einsatz umweltbelastender chemischer Hilfsmittel und „fabrikmäßiger" Produktion tierischer Erzeugnisse;
- die Landwirtschaft an der allgemeinen Einkommensentwicklung teilgenommen hat, aber regionale und strukturelle Unterschiede nicht abgebaut werden konnten.

Erste Schritte zur Lösung der durch den Agrarmarkt geschaffenen Probleme wurden inzwischen eingeleitet:
- Die Preise für einen Teil der Agrarprodukte wurden gesenkt oder nur sehr vorsichtig erhöht, um die Erzeugung nicht weiter anzuregen.
- Im Milchbereich wurde durch die Einführung der Garantiemengenregelung die bis dahin unbegrenzte Preis- und Abnahmegarantie auf eine bestimmte Ablieferungsmenge (Milchquote) eingeschränkt. Für Milchmengen, die der Landwirt über seine festgelegte Menge hinaus anliefert, muss er eine Abgabe entrichten, die zur Finanzierung der Überschussmenge beiträgt. In letzter Zeit allerdings mehrt sich die Kritik an der Milchquote, eine Rückkehr zu Marktmechanismen wird gefordert.
- Der Kern der Reform liegt jedoch im Getreidesektor, wo die Preise bis 1996 um ein Drittel gesenkt worden sind. Die Getreidebauern bekommen den vollen Ausgleich für ihren Einnahmeausfall, wenn sie 15 % ihrer Getreideanbauflächen stilllegen.

Kleinerzeuger – in Deutschland über 80 % der Getreideanbauer – erhalten den Preisausgleich aber auch ohne Flächenstilllegung. Hinzu kommt, dass die Landwirte ihr Einkommen durch extensive, umweltschonende Bewirtschaftungsmethoden, die von der EU finanziell unterstützt werden, deutlich erhöhen können.

Von dieser Agrarmarktreform erhofft sich die EU einen Abbau der Produktionsüberschüsse und damit auch der Lagerkosten. Langfristig könnte man die Steuerzahler entlasten, die als Verbraucher zudem in den Genuss sinkender Lebensmittelpreise kommen würden. Rückläufige Überschüsse würden zugleich die potenziellen Exportmengen verringern und damit der international heftigen Kritik an der EU-Exportsubvention entgegenwirken. Die Agrarreform ist auch vor dem Hintergrund der Osterweiterung eines der brennendsten Probleme.

3.5 Die Währungsunion

Kurze Geschichte der Währungsunion

1957: Die Römischen Verträge (EWG) sehen die Koordinierung der Wirtschafts- und Währungspolitik der Mitgliedsländer vor. Diese verpflichten sich, die Wechselkurse als „eine Angelegenheit von gemeinsamem Interesse“ zu betrachten.

1964: Gründung des Ausschusses der Präsidenten der Zentralbanken der EWG-Mitgliedstaaten.

1969: Die Staats- und Regierungschefs der EWG bekunden die Absicht, eine Wirtschafts- und Währungsgemeinschaft zu gründen.

1970: Eine Kommission arbeitet einen Stufenplan für die Einführung der ***Europäischen Währungsunion*** (im Jahre 1980) aus. Wegen der internationalen Währungsturbulenzen in den Folgejahren stockt das Vorhaben.

1972: Die EWG-Länder führen untereinander und gegen den Dollar die Regelung ein, dass die Wechselkurse der Währungen nur noch um höchstens 2,5 % nach oben oder unten voneinander abweichen dürfen.

1979: Einführung des ***Europäischen Währungssystems (EWS)***. Innerhalb der EG werden feste Paritäten mit ebenso festgelegten Schwankungsbreiten (zunächst +/- 2,25 %, ab 1993 +/- 1,5 %) der nationalen Währungen bestimmt. Wird dieser Grenzwert überschritten, müssen die anderen Notenbanken durch Stützkäufe intervenieren und sich zu diesem Zwecke gegenseitig Kredite einräumen. Die zunächst fiktive europäische Einheitswährung bekommt den Namen ECU (European Currency Unit).

1998: Die ***Paritäten*** der jeweiligen nationalen Währungen gegenüber dem Euro (wie der ECU jetzt heißt) werden festgelegt. Der Euro entspricht 1,95583 DM. Der Europäische Rat wählt Wim Duisenberg zum EZB-Präsidenten und benennt die Mitglieder des EZB-Direktoriums.

1999: Am 1. 1. wird die einheitliche Währung „Euro" mit festen Wechselkursen in 11 EU-Staaten eingeführt. Nichtteilnehmer sind Griechenland, das die ***Konvergenzkriterien*** (↗ S. 150) noch nicht erfüllt sowie England, Dänemark und Schweden, die die Entwicklung abwarten wollen. Der Euro ist zunächst ausschließlich Buch-(Giral-)geld neben den nationalen Währungen. Die EZB vollzieht die Devisengeschäfte in Euro.

1. 1. 1999–1. 1. 2002: Die EZB tauscht Devisen unter Zugrundelegung der festgelegten Wechselkurse der Euro-Länder um. EZB und die zuständigen Stellen der Mitgliedstaaten überwachen den Prozess des Übergangs zur Einheitswährung im Banken- und Finanzsektor und unterstützen alle Wirtschaftssektoren beim Übergang auf die Einheitswährung.

1. 1. 2002: Die EZB setzt die Eurobanknoten und Euromünzen in Umlauf und zieht die Banknoten und Münzen in nationaler Währung aus dem Verkehr.

1. 7. 2002: Abschluss der Umstellung auf den Euro für die teilnehmenden Mitgliedstaaten. Der Euro ist das alleinige gesetzliche Zahlungsmittel.

Die Struktur der Währungsunion

Bis zum Anfang der 70er-Jahre galt in der Weltwirtschaft das ***Wechselkurssystem von Bretton-Woods***, das den US-Dollar mit festen Wechselparitäten gegenüber allen anderen Währungen festlegte. Dieses System brach zusammen, als (und weil) sich zeigte, dass der tatsächliche Wert eines Dollars – gemessen an seiner Kaufkraft – nicht mehr diesen festen Paritäten entsprach. Seitdem werden die Wechselkurse der wichtigsten Weltwährungen an den wichtigsten Börsen (New York, Tokio, Frankfurt) jeden Tag neu festgelegt (floating).

Ursachen von ***Wechselkursschwankungen***:

- ***Inflationsunterschiede:*** Zwischen zwei Ländern mit unterschiedlichen Inflationsraten sind sehr schnell Kaufkraftunterschiede festzustellen, die zu veränderten Wechselkursen als Folge der unterschiedlich entwickelten Kaufkraft führen.
- ***Leistungsbilanzdefizite:*** Wenn die Leistungsbilanz eines Landes dauerhaft negativ ist, wächst das Angebot der Währung dieses Landes an den Devisenbörsen. Der Wechselkurs gerät unter Druck.
- ***Spekulation:*** Abwertungserwartungen für die eigene Währung führen zum Umtausch von eigener Währung in stabilere Währungen. Diese Verkäufe führen die erwartete Abwertung der eigenen Währung erst recht herbei.
- ***Zinsunterschiede:*** Höhere Zinsen und Kapitalerträge im Ausland reizen Kapitalbesitzer und Sparer zur Geldanlage im Ausland. Sie bieten eigenes Geld an und fragen Auslandsgeld nach. Der Wechselkurs des eigenen Geldes sinkt.
- ***Unterschiedlich hohe Steuersätze:*** Sie führen zu einem Transfer von Geld ins steuerbegünstigte Ausland.

Jede Auf- und Abwertung der eigenen Währung gegenüber dem Ausland hat unvermeidliche Konsequenzen (Beispiele für Abwertung, für Aufwertung gilt jeweils das Gegenteil):

- Jede Abwertung verteuert die Importprodukte, hat daher eine ähnliche Wirkung wie Schutzzölle.

- Jede Abwertung macht gleichzeitig die eigenen Exportprodukte im Ausland billiger, stärkt also die eigene Industrie.
- Jede Abwertung wirkt sich ungünstig auf die Dienstleistungsbilanz aus, denn im Ausland nachgefragte Dienstleistungen werden teurer (z. B. Urlaubsreisen) und gleichzeitig werden Dienstleistungen für Ausländer im eigenen Land billiger.

Wechselkursschwankungen sind insgesamt nachteilig für den Außenhandel, da Kalkulationsgrundlagen schwanken und selbst kostengünstige Anbieter z. B. durch plötzliche Aufwertungen aus dem Markt geworfen werden können. Um für den europäischen Raum (Binnenmarkt ↗ S. 141 ff.) diese Schwierigkeiten aus dem Weg zu räumen, wurde die einheitliche Währung eingeführt. Dabei hat die EU mithilfe eines strengen Katalogs von Konvergenzkriterien die Grundlage für einen Stabilitätspakt geschaffen, mit dem eine langfristige und abgestimmte stabilitätsorientierte Wirtschafts- und Finanzpolitik der Euro-Länder erreicht werden soll.

Die Konvergenzkriterien

- Der Preisanstieg soll höchstens 1,5 % über dem durchschnittlichen Preisanstieg der drei stabilsten EU-Länder liegen.
- Das Haushaltsdefizit (jährliche Netto-Neuverschuldung des Staates, also Bund, Länder, Gemeinden) darf höchstens 3 % des Haushalts, die Staatsverschuldung (Summe der bis zu diesem Zeitpunkt aufgelaufenen öffentlichen Schulden) höchstens 60 % des BIP betragen.
- Der langfristige Zinssatz soll höchstens 2 % über dem durchschnittlichen Zinssatz der drei preisstabilsten Länder liegen.

Durch die Konvergenzkriterien soll sichergestellt werden, dass die Gemeinschaftswährung nur auf solchen Währungen aufbaut, die als relativ stabil gelten, sodass z. B. die Sparer nicht befürchten müssen, ihre bisherige Landeswährung gegen eine instabilere Gemeinschaftswährung einzutauschen. Die Stabilität des Euro wird aber entscheidend von der Haushaltsdisziplin der an der

Währungsunion beteiligten Länder und der EU-Institutionen abhängen.

Griechenland und die Folgen

Griechenland, das sich schon den Beitritt zur Eurozone mit gefälschten Unterlagen „erschlichen" hat, drohte im Sommer 2010 die Staatspleite: Die griechische Regierung bekam auf dem internationalen Kapitalmarkt aufgrund der staatlichen Misswirtschaft nur noch stark überteuerte Kredite, denn allgemein gilt auf den internationalen Finanzmärkten: Je besser und finanziell sicherer ein Staat dasteht, desto günstigere Kreditbedingungen erhält er – und umgekehrt!
Die EU-Staatschefs reagierten umgehend und unter Missachtung der EU-Verträge, denn ein Länderfinanzausgleich, wie ihn die Bundesrepublik kennt (↗ S. 18), ist in den EU-Verträgen ausdrücklich nicht vorgesehen. Dennoch verabschiedete der Europäische Rat im Mai 2010 ein gigantisches Hilfspaket mit einem Finanzrahmen von 750 Mrd. €. Damit ist genau die Situation eingetreten, die bei der Gründung der Eurozone eigentlich ausgeschlossen war, dass nämlich ***Ausgleichszahlungen*** zwischen „reichen" und „armen" Staaten innerhalb der EU stattfinden. Im November 2010 ist es dann erstmalig so weit: Irland hat ein Haushaltsdefizit von 32 % (also zehnmal mehr, als der Stabilitätsaspekt als Obergrenze festgelegt hat) und wird deshalb aus dem EU-Rettungsschirm 85 Mrd. € erhalten. Im Gegenzug muss die irische Regierung das radikalste Sparprogramm der Geschichte durchsetzen.

3.6 Erweiterung und Außenpolitik

Die Erweiterung der EU um ehemalige RGW-Staaten

Der Europäische Rat hat im Juni 1993 in Kopenhagen die grundsätzliche Zustimmung zur Aufnahme der assoziierten Staaten in Mittel- und Osteuropa als Vollmitglieder der EU ausgesprochen:

Der sich bewerbende Staat muss

- institutionelle Stabilität als Garantie für Demokratie, Rechtsstaatlichkeit, Wahrung der Menschenrechte sowie die Achtung und den Schutz von Minderheiten verwirklicht haben (einige Länder tun sich noch schwer damit),
- eine funktions- und konkurrenzfähige Marktwirtschaft vorweisen können,
- die aus einer EU-Mitgliedschaft erwachsenden Verpflichtungen übernehmen
- und die Ziele der immer engeren politischen Union mittragen.
- 1994 beschloss der Europäische Rat die Entwicklung einer entsprechenden Strategie für die assoziierten Länder. 1997 wurde dem Europäischen Parlament die ***Agenda 2000*** vorgestellt, die diese Strategie detailliert beschreibt. Die Agenda bewertet den Stand der Vorbereitung der insgesamt zehn mittel- und osteuropäischen Länder, die einen Beitrittsantrag gestellt hatten, positiv. Im Jahr 2002 beschloss die EU die Aufnahme der anderen Bewerber, die der Union am 1. 5. 2004 als Vollmitglieder beigetreten sind. Am 1. 1. 2007 kamen Rumänien und Bulgarien hinzu.

Mit der Türkei besteht ein ***Assoziierungsvertrag*** – Option auf einen späteren Beitritt. Mit langwierigen Verhandlungen ist zu rechnen (Menschenrechtssituation und Kurdenproblem). Zudem besteht in weiten Teilen der EU Zweifel daran, ob ein Staat, dessen Territorium zu über 90 % auf asiatischem Gebiet liegt, in eine europäische Gemeinschaft aufgenommen werden sollte.

Weitere Beitrittskandidaten

15 Jahre nach Beendigung der Balkankriege haben die ehemaligen Gegner ein gemeinsames Ziel: die Mitgliedschaft in der EU. Dem entspricht auf der anderen Seite die erklärte Absicht der Europäischen Gemeinschaft: die Integration der ehemaligen Jugoslawien-Staaten. Kroatien wird wahrscheinlich der 28. EU-Staat werden, dann folgt wohl Mazedonien. Serbien, Montenegro, Albanien, Bosnien-Herzegowina und Kosovo könnten folgen.

Auch Island hat 2009 einen Antrag auf Mitgliedschaft in der EU gestellt.

Gemeinsame Außen- und Sicherheitspolitik

Kurzer geschichtlicher Überblick

Seit 1970 arbeiten die Regierungen der EG-Staaten in der Außenpolitik zusammen. Das war zunächst vertraglich nicht festgelegt und wurde ***Europäische Politische Zusammenarbeit (EPZ)*** genannt. 1986, in der EEA, wurde die Außenpolitik völkerrechtlich verbindlich geregelt. Im Maastrichter Vertrag wurde u. a. beschlossen, eine ***Gemeinsame Außen- und Sicherheitspolitik (GASP)*** zu erarbeiten und zu verwirklichen. In der GASP verfolgt jeder Mitgliedstaat der EU zunächst seine eigene Außenpolitik, holt jedoch in eigenen Angelegenheiten die Standpunkte der übrigen Staaten ein und berücksichtigt sie. Taucht eine wichtige außen- oder sicherheitspolitische Frage auf, unterrichten sich die Partner in den GASP-Gremien und im Rat gegenseitig und stimmen ihr Verhalten aufeinander ab. Sie wollen damit erreichen, dass die Einzelstaaten in dieser Frage möglichst ähnlich handeln. Wenn der Rat es für erforderlich hält, kann er eine Form engerer Zusammenarbeit beschließen: Er legt dann zu der bestimmten Frage einen „gemeinsamen Standpunkt“ fest. Dabei gilt das Konsensprinzip. Die Einzelstaaten müssen dann dafür sorgen, dass ihre nationale Außenpolitik mit diesem „gemeinsamen Standpunkt“ in Einklang steht.

Eine noch engere Form der Zusammenarbeit ist die ***gemeinsame Aktion*** der GASP, die für jeden Mitgliedstaat der Europäischen Union bindend ist. Der Ministerrat beschließt einstimmig (bei Vetorecht für jeden Mitgliedstaat), ob eine Angelegenheit der Außen- oder Sicherheitspolitik Gegenstand einer „gemeinsamen Aktion“ werden soll.
Der Rat bestimmt daraufhin den genauen Umfang der Aktion, ferner die Ziele, die die Europäische Union mit der Aktion verfolgt, sowie die Art und Weise und die Dauer des gemeinsamen Vorgehens. Er bestimmt gleichzeitig, ob über bestimmte Fragen

der Durchführung mit qualifizierter Mehrheit entschieden werden kann. Verantwortlich für die Ausführung einer gemeinsamen Aktion ist der Ratsvorsitz.

Europäische Sicherheits- und Verteidigungspolitik (ESVP)
Der Europäische Rat legt die allgemeinen Leitlinien der GASP fest. Die Entscheidungen treffen die Außenminister. Sie treten monatlich im Rat zusammen, der auch die interne Politik der EU behandelt. Stets nimmt ein Mitglied der Kommission teil. Abgeordnete des Europäischen Parlaments nehmen beratend teil; das Europäische Parlament wird regelmäßig unterrichtet, zu allen wichtigen Aspekten gehört und gebührend berücksichtigt. Die Europäische Sicherheits- und Verteidigungspolitik wurde als

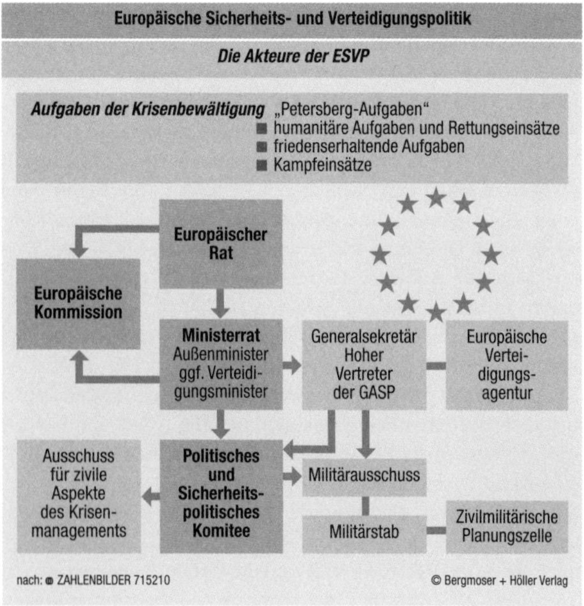

(militärischer und ziviler) Teil der GASP konzipiert. Eine historisch neue Stufe stellt die Schaffung des neuen Postens eines offiziellen Koordinators der GASP im Sommer 1999 dar, für den der bis dahin als NATO-Generalsekretär fungierende Xavier Solanas ausgewählt wurde, der dieses Amt auch bis 2009 ausübte.
Auf dem EU-Gipfel in Nizza vom Dezember 2000 wurde das „Politische und Sicherheitspolitische Komitee“ (PSK) ins Leben gerufen. Dies ist ein Militärausschuss, der aus Vertretern der Generalstäbe der Mitgliedstaaten sowie einem unterstützenden Militärstab besteht. Parallel zum PSK wurde ein ziviles Komitee für internationales Krisenmanagement gegründet, um ziviles Krisenmanagement unter Einbezug von Polizei, Justiz und anderen nichtmilitärischen Fachkräften zu koordinieren – in den Worten des ehemaligen deutschen Außenministers Fischer „ein ziviles Toolkit des internationalen Peace-Keepings“.

Militärisches Leitziel (Headline Goal)
Im November 2004 beschloss die EU die Einrichtung von insgesamt 13 mobilen Einsatztruppen (Battle Groups) von je 1500 Soldaten, die innerhalb von 10 bis 15 Tagen einsatzbereit sein sollen. 2007 sollte der Aufbau der ersten Gruppen abgeschlossen sein. Ob die Bundeswehr innerhalb dieser Battle Groups Kontingente für konkrete Einsätze stellt, bleibt wie bei allen anderen EU-Staaten eine nationale Entscheidung. In Deutschland ist seit einem Entscheid des Bundesverfassungsgerichts aus dem Jahr 1993 für solche Auslandseinsätze ein formeller Parlamentsentscheid notwendig (Parlamentsvorbehalt).
Auch hier gibt es neben dem militärischen ein ziviles Headline Goal, denn Krisenmanagement und Konfliktprävention ist nach EU-Auffassung wesentlich eine zivile Aufgabe: Beispielsweise wird z. Zt. im Kosovo die Infrastruktur wiederaufgebaut oder beim Aufbau ziviler, juristischer und polizeilicher Strukturen geholfen.

4 Internationale Beziehungen

4.1 Das internationale System

Am Anfang des 21. Jh.s bilden die internationalen Strukturen ein kaum noch überschaubares Geflecht von Akteuren und deren Beziehungen sowie von ungelösten internationalen und globalen Problemen. Nationalstaaten gehören ebenso zu den Akteuren des internationalen Systems wie transnationale und internationale Organisationen.
Zwar ist in der internationalen Diplomatie nur existent, wer offiziell und „de iure" als Staat anerkannt worden ist, und auch das Völkerrecht ist bis heute wesentlich ein Recht der ***souveränen Nationalstaaten*** (↗ S. 162), aber internationale Beziehungen machen sich heute ebenfalls in einer Fülle von Kontakten, Koalitionen und Interaktionen gesellschaftlicher Akteure über alle Staatsgrenzen hinweg fest, die von den Regierungen nur zum Teil gelenkt werden und gelenkt werden können. So ist z. B. die katholische Kirche eine der ältesten und mächtigsten gesellschaftlichen Institutionen, die mit einer zentralisierten Entscheidungsinstanz in Rom in aller Welt präsent ist und mit ihren Organisationen wie „Caritas" oder „Misereor" aktiv in ethische Prozesse oder auch die Entwicklungshilfepolitik eingreift. Sie beeinflusst mit päpstlichen oder bischöflichen Anweisungen das Verhalten großer Teile der Weltbevölkerung in politischen Bereichen, wie man zuletzt anlässlich des Papstbesuches in Deutschland im Herbst 2006 an den Äußerungen des Oberhauptes der katholischen Kirche zum Verhältnis von Wissenschaft und Ethik erkennen konnte. Auch transnationale Organisationen, die z. B. auf wirtschaftlichem Gebiet tätig werden wie die OPEC (Organisation erdölexportierender Staaten), beeinflussen mit ihren Entschei-

dungen das internationale System, wie die Welt bei den beiden „Ölpreisschocks“ 1973 und 1980 erfahren musste. Weniger spektakulär, aber deshalb nicht unwichtig, sind Aktivitäten internationaler ***Umweltschutzorganisationen*** wie Greenpeace, z. B. bei der Entsorgung ausgedienter Ölbohrinseln, oder Aktionen internationaler ***humanitärer Verbände*** wie Amnesty International.

Außenpolitik und internationale Politik

Außenpolitik im traditionellen Sinne nennt sich die Gesamtheit aller Aktivitäten, mit denen Staaten über ihre Hoheitsgrenzen hinaus agieren. Akteure der Außenpolitik sind ausschließlich die souveränen Nationalstaaten, wobei es fließende Übergänge in föderalistischen Systemen oder Staatenbünden geben kann. Die Ziele der Außenpolitik sind nicht identisch mit deren Mitteln, sie können z. B. wirtschaftlich-sozialer, machtpolitischer oder sozialer Natur sein. Die Mittel der Außenpolitik sind z. B.: diplomatische Verhandlungen, einseitige oder korrespondierende Erklärungen, Aufnahme bzw. Abbruch diplomatischer Beziehungen, Anwendung politischen oder wirtschaftlichen Drucks (Handelsembargo), Androhung von Gewalt und im äußersten Fall militärische Intervention.

Die Entwicklung in der zweiten Hälfte des 20. Jh.s hat diese traditionelle Außenpolitik zur internationalen Politik umgestaltet: Die internationalen Organisationen treten in Konkurrenz zu den Nationalstaaten. Das im Sommer 1999 neu geschaffene Amt des EU-Außenpolitikkoordinators ist hierfür ein deutliches Zeichen.

Transnationale Beziehungen

Internationale Beziehungen sind heute nicht mehr auf die Interaktionen von Staaten oder internationalen Organisationen zu begrenzen, sondern spielen sich nicht unwesentlich zwischen Akteuren ab, die Gruppen innerhalb verschiedener Nationalstaaten repräsentieren. Interessengeleitete Politik, wirtschaftliche Maßnahmen und Entscheidungen, sozialpolitische Ver-

änderungen innerhalb eines Nationalstaates greifen in ihrem Wirkungsprozess weit über dieses einzelne Land hinaus, wie auch umgekehrt die Politik dieses Landes beeinflusst wird von Aktivitäten innerhalb anderer Nationalstaaten. Z. B. können Entscheidungen oder Transaktionen großer multinationaler Organisationen für ein einzelnes Land größere Bedeutung haben als Entscheidungen der eigenen Regierung. Große Konzerne bewegen heute international größere Geldsummen als das gesamte BIP mancher Staaten und repräsentieren damit faktisch mehr Macht als ein offiziell souveräner, aber rückständiger Staat.
Mit der Ausweitung dieser Strukturen ist eine allmähliche Schwächung der Souveränität und Kontrollmechanismen der Nationalstaaten verbunden. Andererseits entsteht auf diese Weise ein ***internationaler Pluralismus***, in dem sich über die Grenzen der Nationalstaaten hinweg Netzwerke bilden. Damit werden die klassischen Mittel der Außenpolitik um eine ganze Palette weiterer Instrumentarien erweitert: Neben die formellen Strukturen und negativen Sanktionsmittel treten informelle Beziehungen und von der offiziellen Politik funktional unabhängige Kommunikationsformen. Der Weltmachtanspruch der einzig verbliebenen Supermacht USA wird eingedämmt, der Einfluss kleiner und mittlerer, leistungsfähiger Staaten erweitert.

Internationale und transnationale Organisationen

Mit internationalen Organisationen sind Organisationen gemeint, in denen sich Staaten zusammenschließen und unter Aufgabe eines mehr oder weniger großen Teils ihrer Souveränität gemeinsam nach innen wie nach außen politisch handeln. Beispiele: UNO, EU, aber auch deren Institutionen wie z. B. der Sicherheitsrat oder die europäische Kommission.
Unter transnationalen Organisationen versteht man internationale Zusammenschlüsse von gesellschaftlichen Gruppierungen einzelner Staaten, die aufgrund einer mehr oder weniger großen Interessenidentität versuchen, ihre Vorstellungen gegenüber den jeweiligen Einzelstaaten (bzw. den internationalen Organisati-

onen) oder gegenüber anderen Gruppen, Verbänden und Organisationen durchzusetzen. Beispiele: Greenpeace, Amnesty International, IOC.

4.2 Problemfelder und Ziele

Die Hauptfelder internationaler Politik sind wenig umstritten:

- ***Sicherheit:*** ***Friedenssicherung*** gilt als das typische und alle anderen Erscheinungen überragende Merkmal internationaler Politik. Das Ende des Ost-West-Konfliktes brachte zwar einerseits einen Zuwachs an Stabilität im Verhältnis der Nationen der Ersten und Zweiten Welt, produzierte aber auch zunehmend Instabilitäten und lokale Konflikte.
- ***Entwicklungshilfe:*** Schon seit den 50/60er-Jahren überlagert der ***Nord-Süd-Konflikt*** zunehmend die ideologische Systemkonkurrenz zwischen den Supermächten.
- ***Ökologie und Umweltschutz:*** Seit Anfang der 80er-Jahre entwickelt sich das Bewusstsein für eine weltweite Ökologie, der Analytiker und Beobachter der internationalen Politik noch bis vor kurzem keinerlei Bedeutung beimaßen.

Neben diesen drei noch leidlich abgrenzbaren Problembereichen hat sich eine Reihe von weiteren Gesichtspunkten zur Strukturierung entwickelt:

- ***Zwang zur Koordinierung:*** Die zunehmende gegenseitige Abhängigkeit im internationalen System zwingt zur Koordinierung, da sich ansonsten internationale Politik im subregionalen, regionalen, kontinentalen und weltweiten Zusammenhang chaotisch gestalten würde.
- ***Politisierung:*** Internationale Politik bedeutet heute nicht mehr Geheimdiplomatie, sondern spielt sich (zumindest in demokratischen Staaten) vor den Augen der Öffentlichkeit ab. So entsteht ein steigender Erwartungsdruck im Hinblick auf internationale Politik, dem nicht immer angemessene Fähigkeiten zur Problemlösung und Steuerungsmöglichkeiten entsprechen.

■ *Einzel- und Allgemeininteressen:* Gerade im Bereich der transnationalen Politik werden verstärkt partikulare Interessen freigesetzt, die innergesellschaftliche und zwischenstaatliche Konflikte erzeugen. Daher muss auch die internationale Politik zunehmend – wie die Innenpolitik – sowohl im Innern von Gesellschaften als auch zwischen ihnen das Verhalten von lobbyistischen Interessengruppen bestmöglich auf eine gemeinsame Interessenwahrnehmung ausrichten.

4.3 Das Völkerrecht

Mit Völkerrecht (internationales Recht) bezeichnet man alle Rechtsgrundsätze, die Rechte und Pflichten von Staaten und internationalen Organisationen enthalten und ihre Beziehungen zueinander regeln. Seine Grundlage sind die Prinzipien der Gleichheit und der Souveränität aller Staaten. Im Gegensatz zum nationalen Recht kann das Völkerrecht nicht direkt exekutiv durchgesetzt werden, da es keine supranationale ***Exekutivgewalt*** (Polizei) gibt, sondern ist auf den nationalen Konsens angewiesen. Die Grundlage des Völkerrechts sind internationale Verträge sowie die in Art. 38 der UNO-Charta niedergelegten Grundsätze des ***Internationalen Gerichtshofes*** der UNO.
Das Völkerrecht gliedert sich grundsätzlich in Friedens- und Kriegsrecht als zwei unterschiedlichen Rechtszuständen, in denen zwischen Staaten Beziehungen abgewickelt werden können. Der Kriegszustand zwischen zwei oder mehr Staaten beginnt rechtlich mit der offiziellen Kriegserklärung und endet mit dem entsprechenden Friedensvertrag.
Die einzelnen Bereiche des Völkerrechts sind: das Diplomatenrecht, die Menschenrechte, die Friedenssicherung und Abrüstung sowie das internationale See-, Luft- und Raumfahrt- und Umweltrecht. In der BRD sind seine allgemeinen Regeln Bestandteil des GG (Art. 1 Abs. 2/3), sie haben Vorrecht vor nationalem Recht.

Das Völkerrecht von 1945 bis zur Gegenwart

Die Satzung der UNO verbietet (ebenso wie die Satzung des Völkerbundes) das Führen eines Angriffskrieges und erweitert dies allgemeine Kriegsverbot in Art. 2 Ziff. 4 der Charta zum allgemeinen Gewaltverbot, das von allen Staaten zu respektieren ist, gleichgültig, ob sie Mitglieder der UNO sind oder nicht. Als Kehrseite des allgemeinen Gewaltverbots ist die allgemeine Friedenspflicht entstanden. Das Recht zur individuellen und kollektiven Verteidigung (Recht der Notwehr, Notstand) im innerstaatlichen Recht als Reaktion auf einen bewaffneten Angriff bleibt davon unberührt, ist aber sehr eng gefasst und endet spätestens in dem Moment, in dem die UNO (bzw. ein Mandat des Sicherheitsrates) in einer kollektiven Aktion die Wiederherstellung des Friedens in die Hand nimmt.

Friedenserhaltung bedeutet am Ende des 20. Jh.s aber mehr als die Vermeidung bewaffneter Konflikte. Die Notwendigkeit intensiver Zusammenarbeit wird nicht nur bei der Benutzung internationaler Gemeinschaftsräume (Seerecht usw.) gesehen, sondern auch bei der Bewältigung weltweiter Gemeinschaftsaufgaben wie Umwelt- oder Katastrophenschutz. So findet z. B. der Ausdruck ***gemeinsames Erbe der Menschheit***, der im Zusammenhang mit der Ausbeutung der Schätze des Meeresbodens geprägt und dann auf den Weltraum ausgedehnt wurde, immer häufigere Anwendung, wenn es gilt, bestimmte Objekte und Werte als Teil der Lebenswelt des Menschen zu erhalten.

Durch den Prozess der ***Entkolonialisierung*** in den 50/60er-Jahren hat die Zahl der Staaten sich stark erhöht. Die Mitglieder der Völkergemeinschaft gehören den verschiedensten Kulturen an und wirken gleichberechtigt an der Fortentwicklung des Völkerrechts mit. Als Recht unter Gleichen (s. o.) konnte das Völkerrecht nur durch freiwillige Übernahme auf einen größeren Kreis von Staaten ausgedehnt werden. Dieser Prozess der Globalisierung ist im Wesentlichen abgeschlossen und hat sich in erstaunlich kurzer Zeit und fast völlig unblutig vollzogen. Während das klassische Völkerrecht ein auf dem europäischen Kulturboden gewachsenes Recht gewesen war („europäisches öffentliches Recht“), spiegelt das geltende die kulturelle Vielfalt der ganzen Welt wider. Seine Einheit ist trotz des Ost-West-Konflikts und des Nord-Süd-Konflikts bisher erhaltengeblieben.

Völkerrecht oder Staatenrecht

Der deutsche Begriff Völkerrecht ist insofern irreführend, als der Begriff „Volk“ juristisch nicht fassbar ist. Daher ist das Völkerrecht kein Recht der Völker oder gar der Menschheit als solcher, sondern grundsätzlich ein ***Recht der Staaten***. Der einzelne Mensch oder Bürger taucht nicht als ***Rechtssubjekt*** auf. Der Staat, dessen Staatsangehörigkeit er besitzt, übt für ihn den diplomatischen Schutz gegenüber anderen Staaten aus. Dadurch wird die Lage etwa von Minderheiten, die vom „eigenen“ Staat unterdrückt oder verfolgt werden, besonders problematisch. Gleiches gilt für internationale Flüchtlinge, deren Rechtsstatus gerade durch das Fehlen des diplomatischen Schutzes gekennzeichnet ist. Auch der Schutz der Menschenrechte bleibt bei dieser Grundkonzeption schwierig. Deshalb wird der gegenwärtige Entwicklungsstand des Völkerrechts noch immer als unbefriedigend angesehen. Das Prinzip der internationalen Solidarität bei Menschenrechtsverletzungen durch Nationalstaaten muss weiterentwickelt werden, auch wenn dadurch die Spannung zu den Prinzipien der nationalen Souveränität und der Nichteinmischung in die inneren Angelegenheiten eines Staates größer wird. Die Rechtsstellung des Einzelnen bedarf der Verbesserung. Das allgemeine Gewaltverbot muss konsequenter durchgesetzt werden.

Der internationale Terrorismus

Die Terrorschläge auf die Türme des World Trade Centers vom September 2001 haben ein neues Kapitel des völkerrechtlichen Denkens eingeleitet und eine Frage in den Mittelpunkt gestellt: Wie sollen Staaten unter völkerrechtlichen Aspekten angemessen auf Bedrohungen reagieren, die von einem nicht klar definierbaren Feind ausgehen, welche Bedeutung haben noch die

Grundsätze der „territorialen Integrität“ und des „Prinzips der Nichteinmischung in die inneren Angelegenheiten eines Staates“, wenn es um die Bekämpfung eines Gegners wie z. B. des Al-Kaida-Netzwerkes geht?
Auf diese Frage hat die Völkergemeinschaft bisher keine schlüssige Antwort finden können.
Die Befreiung Afghanistans von den Taliban und die Zurückdrängung von Al-Kaida waren nur kurzfristige Erfolge. Spätestens seit 2005 hat sich gezeigt, dass sowohl die afghanischen Taliban als auch das Al-Kaida-Terrornetzwerk keineswegs geschwächt aus der militärischen Intervention der Nato (Afghanistan) sowie den USA (Irak-Krieg) hervorgegangen sind, sondern vor allem ihren ideologischen Einfluss in der islamischen Welt ausdehnen und festigen konnten. Der von George Bush nachhaltig betriebene Krieg gegen den Irak und Saddam Husseins Diktatur – gegen den ausdrücklichen Willen von UNO und Sicherheitsrat – hat eine Reihe von weltpolitischen Konsequenzen:

- Die Erwartung der USA, alleine, gegen die UNO und mit ausschließlich militärischen Mitteln eine neue politisch-demokratische Ordnung im Nahen und Mittleren Osten erzwingen zu können, hat sich zerschlagen, der Irak ist gegenwärtig von einer stabilen Demokratie weiter entfernt als je zuvor.
- Der vorgebliche Kriegsgrund – die Irakis besäßen Massenvernichtungsmittel – ist längst *ad absurdum* geführt worden. Der eigentliche Kriegsanlass – die ordnungspolitischen Vorstellungen der Bush-Administration – können mittlerweile als gescheitert angesehen werden.
- Der Gewinner des Kriegs gegen den Irak ist der Iran, was nicht zuletzt durch den Konflikt des Irans mit dem Sicherheitsrat zur nationalen atomaren Aufrüstung deutlich geworden ist.
- Der erneut ausgebrochene Israel-Libanon-Krieg vom August/September 2006 hat nachhaltig demonstriert, dass eine „Befriedung“ des Nahen und Mittleren Ostens (und damit eine wirkungsvolle Zurückdrängung des Terrorismus) ohne eine Lösung des Palästinenserproblems unmöglich sein wird.

4.4 Die Vereinten Nationen

Kurze Geschichte der UNO

Die UNO wurde am 24. 10. 1945 durch Annahme der UN-Charta der damals 51 Mitgliedstaaten als Nachfolgeorganisation des Völkerbundes gegründet. Schon während des 2. Weltkrieges hatten die Alliierten den Plan einer internationalen Organisation ins Auge gefasst und schließlich letzte Unklarheiten, darunter das Abstimmungsverfahren im Sicherheitsrat, auf der ***Konferenz von Jalta*** (Feb. 1945) beseitigt. Heute gehören den Vereinten Nationen nahezu alle Staaten der Erde an.
Die UNO ist in einer typischen Nachkriegskonstellation gegründet worden. Die Welt war weitgehend eine Staatenwelt, d. h., die entscheidenden Akteure des internationalen Systems waren Staaten. In der Gegenwart allerdings hat kein einzelner Staat mehr die Macht, seine Ziele alleine und isoliert in politische Ergebnisse umsetzen zu können. Seine Handlungsmöglichkeiten werden durch die Zunahme von wechselseitigen Abhängigkeiten der inter- und transnationalen Organisationen begrenzt.

Aufgaben

Hauptaufgaben der Vereinten Nationen sind die Aufrechterhaltung des Weltfriedens und die Garantie der internationalen Sicherheit. Zur Erreichung dieser Ziele sind zwei grundlegende Strategien vorgesehen:

- Die Mitglieder der UNO verzichten grundsätzlich auf jede Gewaltanwendung, die gegen die territoriale Unversehrtheit oder die politische Unabhängigkeit irgendeines Staates gerichtet oder sonst mit den Zielen der Vereinten Nationen unvereinbar ist und verpflichten sich, ihre internationalen Streitigkeiten mit friedlichen Mitteln zu regeln. Zu diesem Zweck stellt die Charta den Sicherheitsrat als politische und den ***Internationalen Gerichtshof*** als richterliche Instanz zur Verfügung.
- Zur Beseitigung möglicher Konfliktursachen soll die internationale Zusammenarbeit intensiviert werden. Die Charta enthält

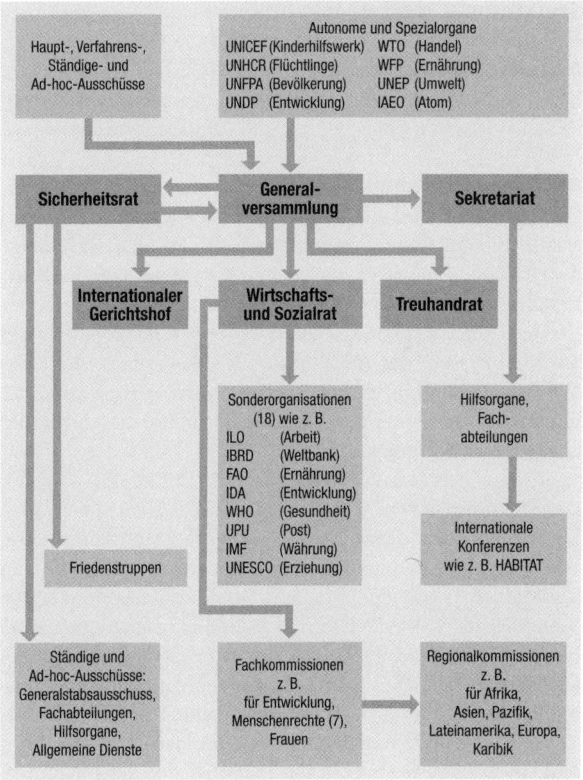

Struktur der UNO

ein weit gefächertes Programm zur Förderung der fortschreitenden Entwicklung des Völkerrechts, des wirtschaftlichen und sozialen Fortschritts, der Zusammenarbeit auf kulturellem und erzieherischem Gebiet und der allgemeinen Achtung und Wahrung der Menschenrechte und Grundfreiheiten. Ein Teil dieser Aufgaben ist selbstständigen ***Sonderorganisationen*** übertragen.

Struktur und zentrale Institutionen

Die einflussreichsten Hauptorgane sind die Generalversammlung und der Sicherheitsrat (↗ Grafik S. 165; über die Homepage http://www.uno.de lassen sich zahlreiche weitere Informationen zu allen Organisationen, Aufbau und Aufgaben abrufen).

Die Generalversammlung

Zur Teilnahme sind alle Mitglieder berechtigt. Jeder Mitgliedstaat hat in der Generalversammlung eine Stimme, was infolge der tatsächlichen Ungleichheit der Staaten, die sich auch in ihren Beiträgen zum Budget der Organisation niederschlägt, immer wieder Anlass zur Kritik gegeben hat. Am völkerrechtlich verankerten Prinzip der souveränen Gleichheit sind bisher aber alle Versuche zur Einführung einer Stimmenwägung gescheitert. Die Generalversammlung beschließt mit einfacher Mehrheit der abgegebenen Stimmen.

Der Sicherheitsrat

Der Sicherheitsrat besteht (seit 1964) aus fünfzehn Mitgliedern, von denen fünf (China, Frankreich, Russland, Großbritannien und die USA) ***ständige Mitglieder*** sind, während die übrigen zehn Mitglieder von der Generalversammlung nach einem regionalen Verteilungsschlüssel auf zwei Jahre gewählt werden. Beschlüsse des Sicherheitsrates bedürfen der Mehrheit von 9 Stimmen, doch kann jedes ständige Mitglied durch ein Vetorecht das Zustandekommen eines Beschlusses verhindern. In dieser Regelung spiegelt sich sowohl die Machtkonstellation der Zeit unmittelbar nach dem 2. Weltkrieg als auch die Absicht, das Zusammenwirken der (damaligen) Großmächte zur Stabilisierung der Weltordnung zu fördern. Sie wird heute inbesondere von den Entwicklungsländern kritisiert, doch sind alle Änderungsversuche bisher gescheitert.
Der Sicherheitsrat ist der eigentliche Verwalter der ***kollektiven Sicherheit***, denn nur er ist dazu legitimiert, politische, wirtschaftliche und (notfalls auch) militärische Maßnahmen gegen einen

Staat zu ergreifen, der den Frieden bedroht oder die Grundsätze der UN-Charta (z. B. das Prinzip der nationalen und territorialen Souveränität) verletzt. Er kann alle Mitglieder verpflichten, sich an Maßnahmen zu beteiligen. Die Struktur des ***Ost-West-Konfliktes*** und die mit ihm verbundene dauerhafte ideologische Konkurrenz der Blöcke hat bis Ende der 80er-Jahre eine Einigkeit der ständigen Mitglieder fast immer verhindert. Mit dem (vorläufigen) Ende der Systemkonfrontation Anfang der 90er-Jahre ist diese Blockade weggefallen. Die Zahl der Einsätze von UNO-Truppen zur Friedenserhaltung und Friedenssicherung („Blauhelm-Einsätze") und der nicht durch ein Veto blockierten Resolutionen stieg daraufhin sprunghaft an. Aus einem früher nur sporadisch und bei Bedarf zusammentretenden Gremium ist der Sicherheitsrat zu einer fast permanent tagenden Dauerkonferenz geworden.

Kritik und Reformvorschläge

Kritiker werfen der UNO vor, dass sie nach wie vor die Welt von 1945, nicht die von 2010 widerspiegelt, obwohl die Welt und die Herausforderungen an die UNO einem fundamentalen Wandel unterlagen und weiter unterliegen. Zwei Verdienste allerdings werden der UNO ohne Abstriche zuerkannt: Sie hat die ***Entkolonialisierung*** der Staaten Afrikas und Asien – insbesondere in der Zeit von Mitte der 40er- bis Ende der 60er-Jahre – gefördert und unterstützt; und sie hat eine unmittelbare militärische Konfrontation der Supermächte während des Ost-West-Konfliktes verhindert.

Heue aber existieren Gefahren, die 1945 noch nicht vorhersehbar waren:

- die Lieferung (bzw. Hilfe bei der Herstellung) von Massenvernichtungswaffen in Länder der Dritten Welt,
- die explosionsartige Zunahme der Bevölkerung in vielen Staaten der Dritten Welt,
- die Verknappung natürlicher Ressourcen und die globale Klimagefährdung,

- die existenzbedrohende Armut und die daraus folgenden ***Migrationsbewegungen*** in die Erste und Zweite Welt,
- die dramatische Ausweitung ethno-nationaler (oder religiös motivierter) Konflikte und Bürgerkriege.

Gerade Letztere sind häufig keineswegs kleinere, unbedeutende „Scharmützel", sondern Kriege, die Hunderttausende von Menschen betreffen und die die Stabilität des gesamten internationalen Systems gefährden können. Dies sind Sicherheitsbedrohungen, die bei der Gründung der UNO noch nicht existierten oder eine untergeordnete Rolle spielten. Daher ist die UN-Charta auch auf „Außenpolitik" im oben definierten Sinne bezogen: Die Verhinderung „klassischer" zwischenstaatlicher Kriege mit Nationalstaaten als Akteuren ist eines ihrer zentralen Anliegen. Innenpolitische Bereiche dagegen gelten als „innere Angelegenheiten" eines Staates und sind von daher „tabu".
Um diesen neuen Anforderungen auch im 3. Jahrtausend gerecht zu werden, fordern Kritiker die Reformierung von Generalversammlung und Sicherheitsrat.

Die Zukunft der Generalversammlung

Die Generalversammlung ist das „demokratischste" Gremium der UNO. Sie soll daher aufgewertet werden, da sie trotz der Aussage der Charta zwar ein Zentralorgan der UNO ist, tatsächlich aber keine zentrale Rolle innehat. So untersagt ihr bereits die Charta in Art. 12, sich mit Streitfragen zu beschäftigen, die im Sicherheitsrat anhängig sind. Art. 14 ermöglicht ihr zwar, Maßnahmen zur friedlichen Bereinigung jeder Situation zu empfehlen, und sie hat wichtige administrative und kontrollierende Funktionen, diese Kompetenzen sind aber im Laufe der letzten Jahrzehnte immer weiter in den Hintergrund getreten. Alle Aktivitäten zur Friedenssicherung werden heute vom Sicherheitsrat beschlossen. Die Generalversammlung mit ihren Ausschüssen wäre dagegen ein geeigneter Ort der weltweiten Kooperation, ihre Beschlüsse als öffentliche Meinung der Welt könnten eine Art globale Legitimität begründen. Es würde sicherlich grund-

sätzlich Legitimität und Akzeptanz von UNO-Entscheidungen erhöhen, wenn sie durch eine aufgewertete Generalversammlung beschlossen würden.
Insbesondere viele Staaten des Südens sehen sich vom Sicherheitsrat dominiert, da es 169 UNO-Mitglieder (insbes. von der südlichen Erdhalbkugel) gibt, die nicht im Sicherheitsrat vertreten sind. Wenn die 15 sich also so verhalten, als wären sie stärker als 169, wäre dies ein schlimmer Fehler. Allerdings ist die Generalversammlung in ihrer heutigen Form keineswegs das demokratische Gegenstück zum Sicherheitsrat. Sie ist in erster Linie eine Versammlung der nationalen Botschafter. Um eine wirkliche demokratische Legitimation zu erhalten, wird diskutiert, eine Parlamentarierversammlung einzurichten, deren Abgeordnete von den Völkern gewählt werden.

Die Zukunft des Sicherheitsrats
Unabhängig davon, dass der Sicherheitsrat vielfach als Kern einer zukünftigen „Weltregierung" betrachtet wird, entzündet sich die Kritik hauptsächlich an der Zusammensetzung dieses zentralen Gremiums, denn die Mehrheit der UNO-Staaten hält die Zusammensetzung und die Privilegien der fünf ständigen Mitglieder für undemokratisch und angesichts der weltpolitischen Realitäten von 2000 auch für nicht mehr zeitgemäß.

Staaten wie Japan und Deutschland, Indien, Pakistan und Indonesien, Nigeria, Ägypten oder Südafrika, Brasilien, Argentinien und Mexiko sind daran interessiert, den Status eines ständigen Mitglieds zu erhalten. Inzwischen haben mehr als 140 Staaten Vorschläge für die Reform des Sicherheitsrates vorgelegt. Diese Erweiterung ist aber aus mindestens zwei Gründen problematisch:

- Es gibt zwischen „Nord" und „Süd" keinen Konsens über die Kriterien, nach denen einem Staat ein ständiger Sitz zusteht. Deutschland und Japan argumentieren mit ihrer Wirtschaftskraft, während andere auf die Größe ihrer Bevölkerung hinweisen. So hat alleine Indien rund 1 Mrd. Einwohner.

- Eine neue Zusammensetzung des Sicherheitsrats bedarf einer Änderung der Charta, die nur mit zwei Dritteln der Stimmen der Generalversammlung und Zustimmung aller ständigen Mitglieder des Sicherheitsrats erreichbar ist.

Ein flexibleres Modell wäre die Erweiterung um ständige Mitglieder ohne Vetorecht oder zumindest die Beschränkung des Vetos auf Militäreinsätze, ggf. nur für die eigene Region („regionales Veto"). Aber auch diesem Vorschlag ist z. Zt. kaum eine Realisierungschance einzuräumen. Kern der Vorschläge sind die ständigen rotierenden Sitze innerhalb der Regionalgruppen. Der Sicherheitsrat würde um 10 Staaten, sieben feste und drei rotierende, aufgestockt und die Zahl der nichtständigen Mitglieder ebenfalls erhöht. Wenn sich allerdings selbst so eng kooperierende Staaten wie die Mitglieder der Europäischen Union nicht auf ein Rotationsprinzip einigen können, so scheint eine Festlegung für andere Gruppen mehr als unwahrscheinlich. Auf der UNO-Vollversammlung Ende 2004 wurden dann auch folgerichtig alle Reformvorschläge abgeschmettert, daran konnte auch das rhetorische Geschick des damaligen deutschen Außenministers Joschka Fischer, nichts ändern. Das Thema „Neustrukturierung des Sicherheitsrates" scheint vorerst vom Tisch zu sein. Auffällig oft allerdings finden sich in letzter Zeit in den Medien Formulierungen wie „Der Sicherheitsrat und Deutschland haben beschlossen …" oder „Der Sicherheitsrat und Japan (Brasilien …) haben …". Ob sich hier unter den ständigen Mitgliedern des Sicherheitsrates ein Umdenken anbahnt, kann zur Zeit noch nicht wirklich beurteilt werden.
Der erneute Vorstoß Deutschlands im Herbst 2010, für die Jahre 2011/12 einen nicht-ständigen Sitz im Sicherheitsrat (in Konkurrenz mit Portugal und Kanada) zu erhalten, kann durchaus als zweiter Versuch zur Erlangung größerer Macht im Sicherheitsrat mit dem Endziel der ständigen Mitgliedschaft gedeutet werden, wie Merkel und Westerwelle im September 2010 selbst andeuteten.

Historisch neu ist auf jeden Fall, dass der Sicherheitsrat nach dem Wegfall der ideologischen Grenzen zwischen Kommunismus und Kapitalismus eine ganz neue Qualität der Handlungsfähigkeit erreicht hat. Einstimmige Resolutionen werden mittlerweile selbst dann relativ zügig und problemlos verabschiedet, wenn frühere ideologische Freunde oder Partner betroffen sind. So hat z. B. China nicht (oder für die Weltöffentlichkeit nicht merklich) gezögert, als im Oktober 2006 dem (kommunistischen) Nordkorea nach einem Atombombenversuch Sanktionen angedroht werden sollten.

4.5 Die NATO

Kurzer geschichtlicher Überblick

Der Nordatlantikpakt (North Atlantic Treaty Organization: NATO) wurde als westliches Militärbündnis primär gegen den kommunistischen Machtbereich am 4. 4. 1949 in Washington gegründet. Mit der Unterzeichnung des Deutschlandvertrages (und nach Scheitern der EVG – ↗ S. 117) wurde die BRD 1955 in die NATO aufgenommen. Die UdSSR ging aus dem 2. Weltkrieg als Siegermacht hervor, rückte bis nach Deutschland vor und stützte sich in Osteuropa auf systemkonforme Bündnispartner (***Satelliten-Staaten***). Als Gegenpol gegen diese Gefahr gründete sich das Bündnis mit Bezug auf Art. 51 der UN-Charta (Recht zur Selbstverteidigung).

4

Die NATO ging aber über die rein militärischen Aufgaben hinaus und entwickelte ein Konzept, nach dem die dauerhafte internationale Sicherheit nur durch organisatorische Verflechtung und Kooperation der Bündnisstaaten untereinander gesichert werden soll. Die Zusammenarbeit erstreckt sich daher auch auf die Bereiche Außenpolitik, Wirtschaft, Wissenschaft und Technik und die gemeinsamen sozialen und kulturellen Werte. Zentrale Aufgabe dieser ***Wertegemeinschaft*** ist daher die Verteidigung und Fortentwicklung der parlamentarisch-freiheitlichen Demo-

kratie, insbesondere gegenüber dem damaligen Ostblock, aber auch auf globaler Ebene.
Konflikte zwischen den Mitgliedsländern, auch und gerade wirtschaftliche Konflikte, sollen durch einen friedlichen Ausgleich geregelt werden. Die bis heute andauernde Führungsrolle der USA, die sich u. a. in Kommandostrukturen und Entscheidungsbefugnissen niederschlug, wurde von den wieder erstarkenden europäischen Mächten immer wieder infrage gestellt, führte aber nie zur Auflösung des Bündnisses (lediglich Frankreich kündigte 1966 den Vertrag, blieb aber der NATO assoziativ verbunden).
In der Periode des Kalten Krieges war die NATO, an erster Stelle die USA, den Staaten des Warschauer Pakts rüstungstechnisch zweifellos überlegen; im Rahmen der ***Flexible-Response-Doktrin*** behielt sich das Bündnis den Einsatz jeglicher Waffenart, also auch von atomaren Waffen, vor. Die NATO entwickelte sich zum wichtigsten Stabilitätselement im europäischen Sicherheitssystem, das sich nach der Selbstauflösung der Sowjetunion (Ende des Ost-West-Konflikts) als Bündnis im Rahmen einer an den vitalen Interessen der Mitglieder orientierten globalen Sicherheitspolitik begreift. Das Budget der NATO umfasst knapp 500 Milliarden US-Dollar, gut 60 % der Weltrüstungsausgaben.

Struktur

Das oberste Organ innerhalb der NATO ist der halbjährig tagende ***NATO-Rat***, der sich aus – zivilen – Vertretern aller Mitgliedstaaten zusammensetzt. Den Vorsitz führt der ***Generalsekretär***, der auch dem Verteidigungsplanungs-Ausschuss und der nuklearen Planungsgruppe vorsteht. Der Generalsekretär vertritt die einstimmig gefassten Beschlüsse des NATO-Rates nach außen und leitet das Sekretariat, das alle nichtmilitärischen Aufgaben wahrnimmt. Der Rat ist verantwortlich für die allgemeine politische Linie, die Finanzrichtlinien und Verwaltungsaufgaben. Ihm sind verschiedene Ausschüsse, darunter auch der ***Militärausschuss***, untergeordnet. Mit spezifischen Aufgaben des Rates beschäftigen sich die zeitweiligen Ausschüsse.

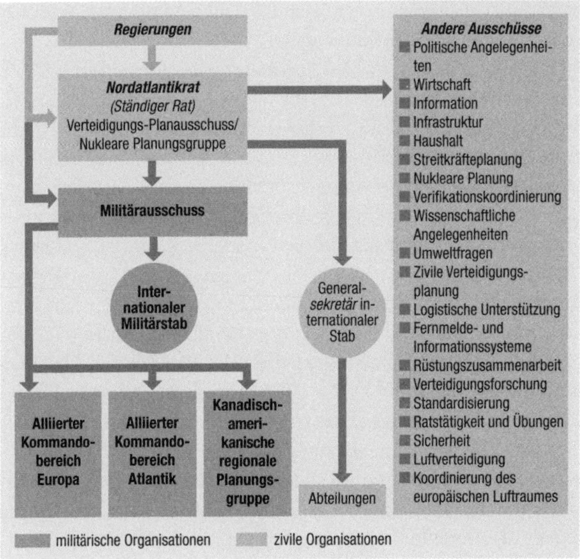

Verwaltungs- und Kommandostruktur der NATO

Der Militärausschuss, der sich aus den Stabschefs der einzelnen Streitkräfte zusammensetzt, trifft sich ebenfalls zweimal im Jahr. Zwischen diesen Treffen erarbeiten Vertreter der Mitgliedstaaten in ständigen Arbeitsgruppen die Richtlinien der Militärpolitik. Dem Militärausschuss unterstehen die einzelnen regionalen Stäbe: Europa, Atlantik, Ärmelkanal und die Regionale Planungsgruppe für Nordamerika. Diese Stäbe sind zuständig für die Stationierung von Streitkräften.

Aufgaben und Organisation

Jeder bewaffnete Angriff von außerhalb des Bündnisses gegen eines der Mitgliedsländer wird als Angriff gegen alle angesehen (***Bündnisfall***). In diesem Falle leisten alle Bündnisstaaten dem angegriffenen Land Beistand, die Staaten entscheiden aber auto-

nom und unabhängig, ob und mit welchen Mitteln sie ihrer Beistandspflicht nachkommen wollen.
Seit 1949 wurden in der NATO Organisationsformen entwickelt, die politische Meinungsverschiedenheiten auszugleichen vermögen und dem Bündnis Effizienz sichern. Grundlage ist ein entgegengesetztes Kooperationssystem. Auf der einen Seite werden die nationalen Interessen der Mitgliedstaaten berücksichtigt, die nicht etwa unter Aufgabe ihrer Souveränität in das Bündnis integriert werden sollen (multinationales Kooperationsprinzip). Auf der anderen Seite erlaubt das (internationale) Integrationsprinzip den Aufbau einer effizienten Exekutive im Bündnis (Generalsekretariat) und einer leistungsfähigen militärischen Führungsorganisation (Befehlsstruktur). Die politischen Gremien und die höchste militärische Führung sind multinational organisiert. Entscheidungen werden einstimmig, d.h. im Konsens der gleichberechtigten Staaten getroffen.
Erst in Spannungs- und Konfliktphasen geht die operative Führung mit Zustimmung der betroffenen Mitgliedstaaten auf die NATO-Kommandos über. Es gibt zwei Arten von NATO-Streitkräften:

- die von den Mitgliedsregierungen dem NATO-Kommando zugewiesenen Streitkräfte (z.B. die Luftwaffe der Bundeswehr),
- die für eine Zuweisung im Konfliktfalle vorgesehenen Streitkräfte.

Beide Kategorien sind in Planungen und Übungen der NATO eingeschlossen. Ein steter Kooperationsprozess soll das Verteidigungssystem zunehmend effizienter machen. Dem dient auch die militärische Infrastruktur.

Erweiterung der NATO

Die NATO stellt am Beginn des dritten Jahrtausends das stärkste und (seit dem Ende des Ost-West-Konflikts) konkurrenzlose Militärbündnis der Welt dar. Seit 1991 ist aber eine intensive Diskussion über neue Mitglieder im Zuge der ***Osterweiterung*** und über die künftigen Aufgaben und Struktur des Bündnisses im 21. Jh. im Gange. Es geht um eine neue NATO in einer wieder von steigenden Gegensätzen geprägten Welt. Die zunächst 16 Mitgliedsländer der NATO sind mit dem übrigen Europa und den Nachfolgestaaten der Sowjetunion 1994 die ***Partnerschaft für den Frieden*** eingegangen, in deren Rahmen künftige gemeinsame Friedensmissionen geprobt werden. Diese Partnerschaft soll die Erweiterung der NATO um einige Länder des ehemaligen Warschauer Paktes vorbereiten. Russland äußerte gegen die Erweiterungspläne der NATO wiederholt Bedenken und ist bis heute der schärfste Kritiker der Osterweiterung geblieben – sicher auch aus der Befürchtung heraus, dass der ehemalige Gegner unmittelbar an die eigenen Landesgrenzen heranrückt. Entschärft wird der Konflikt durch gemeinsame Aktionen von NATO und Russland z. B. bei der Bekämpfung terroristischer Aktionen in Usbekistan und Kirgistan, hauptsächlich aber durch den 1997 gegründeten „Nato-Russland-Rat" mit ständigen Sitzen in Brüssel und Moskau. Der Rat versteht sich als Kommunikations- und Koordinationsgremium.

Um die Zusammenarbeit mit denjenigen Staaten zu intensivieren, die der NATO noch nicht beitreten können oder wollen, wurde im Frühjahr 1997 der ***Euroatlantische Partnerschaftsrat*** (EAPR) ins Leben gerufen. Diesem Schlüsselgremium für den Annäherungsprozess gehören die 16 NATO-Staaten, insgesamt 24 Länder aus Mittel- und Osteuropa und der ehemaligen Sowjetunion sowie die neutralen Staaten Finnland, Österreich, Schweden und die Schweiz an. Alle diese Mitglieder nehmen auch am NATO-Programm „Partnerschaft für den Frieden" (PfF) teil, das vor allem die Kooperation und Vertrauensbildung im militärischen Bereich zum Ziel hat und seit 1994 besteht.

Bis zu der NATO-Gipfelkonferenz in Madrid im Juli 1997 hatten 12 Staaten aus dem bisherigen Herrschaftsgebiet der Sowjetunion ihren Beitrittswillen zur NATO erklärt. Sie erhoffen sich mehr Sicherheit vor Russland und eine Unterstützung ihrer Entwicklung zu demokratischen Staaten. Die NATO-Mitgliedstaaten, vor allem die USA, sehen in der Erweiterung eine Erhöhung der

Stabilität in Europa. Die NATO beschloss im Juni1997 die Aufnahme der beitrittswilligen Länder Polen, Tschechien und Ungarn in das Verteidigungsbündnis bis Ende 1999. Voraussetzung ihrer Mitgliedschaft war, dass die nationalen Parlamente aller 16 Mitgliedstaaten die Beitrittsverträge ratifizieren. Da sich dies als unproblematisch herausstellte, übergaben die Außenminister Polens, Ungarns und Tschechiens am 12.3.1999 der NATO ihre Beitrittsurkunden.
Im März 2004 folgten als neue Mitglieder Bulgarien, Estland, Lettland, Litauen, Rumänien, die Slowakei und Slowenien. Albanien und Kroatien sind seit April 2009 Mitglieder. Weitere Beitrittskandidaten sind Georgien, Montenegro, Bosnien und Herzegowina sowie Mazedonien. Die Nato besteht somit zur Zeit aus 28 Staaten und versteht sich längst nicht mehr als reines Militärbündnis, sondern als eine den demokratischen Idealen verpflichtete Wertegemeinschaft.

Neubestimmung des NATO-Auftrages

In einem Land, das wie Deutschland am Beginn des dritten Milleniums nur noch von befreundeten Staaten umgeben ist, muss eine auf einen Angriff von außen ausgerichtete Armee ihre Rolle neu definieren – das gilt für Bundeswehr wie NATO. Das traditionelle Feindbild in Gestalt des Sowjetkommunismus gibt es nicht mehr. An die Stelle des Kalten Krieges sind zahlreiche kleinere Konflikte und Bürgerkriege getreten. Damit stellte sich der deutschen Sicherheitspolitik die Frage, ob sie an einem rein defensiven Verteidigungsauftrag der Bundeswehr innerhalb des NATO-Gebietes festhält oder ob sie der Beteiligung an UNO-Blauhelmeinsätzen und an militärischen Kampfverbänden zur Friedenssicherung in aller Welt zustimmt. Deutsche Soldaten sind zur Zeit weltweit im Einsatz, z. B. in Afghanistan, im ehemaligen Jugoslawien, vor der Küste des Libanon. Nach Aussage des gegenwärtigen Verteidigungsministers Jung haben schon rund 200 000 Bundeswehrsoldaten an Auslandseinsätzen teilgenommen.

Die heftige innenpolitische Debatte, die in der Bundesrepublik anfangs der 1990er Jahre, als dieses militärische Szenario noch absolut neu und ungewohnt war, heftig geführt wurde, mündete in die Anrufung des Bundesverfassungsgerichts in Karlsruhe. Das Gericht entschied im Juli 1994, dass Bundeswehreinsätze bei allen Friedensmissionen der NATO zur Umsetzung von UN-Beschlüssen legitim sind, für die Entsendung bewaffneter Streitkräfte aber die vorherige Zustimmung des Bundestages erforderlich ist. Die Bundeswehr wird seitdem allgemein als ***„Parlaments-Armee“*** bezeichnet. Die „Genehmigung“ der Einsätze beträgt jeweils ein Jahr. Bisher hat der Bundestag noch jeden Antrag der Bundesregierung auf die Verlängerung des jeweiligen Auslandsmandats befürwortet.
Das 1999 unter dem Eindruck des Kosovo-Krieges entwickelte und 2005 überarbeitete Strategiekonzept der NATO sieht die Hauptaufgabe der NATO in der Gewährleistung der Freiheit und Sicherheit ihrer Mitglieder, und das bedeutet mehr als die bloße Abwesenheit von Krieg und militärischer Gewalt: Interventionsmöglichkeiten zur (Wieder-)Herstellung friedlicher und humaner Zustände auf der Welt, notfalls auch ohne ein entsprechendes Mandat des UN-Sicherheitsrates, werden in dem Strategiekonzept zwar nicht explizit erwähnt, aber auch keineswegs ausgeschlossen.

Die Bundeswehr

Da die BRD 1949 ein entmilitarisierter Staat war und die Bundeswehr erst mit dem Deutschlandvertrag und der Aufnahme in die NATO 1954 entstand, musste das GG 1956 erstmals entscheidend geändert und um die Wehrverfassung ergänzt werden. Die in Art. 73 Nr. 1 vorausgesetzte Möglichkeit, zur Verteidigung gegen bewaffnete Angriffe Streitkräfte aufzustellen, kann auf der Grundlage der allgemeinen Wehrpflicht oder der einer Freiwilligenarmee erfolgen. Die Wahl zwischen beiden Möglichkeiten ist eine grundlegende staatspolitische Entscheidung. Um der in der Weimarer Republik existierenden Gefahr eines „Staates im

Staate" zu entgehen, entschlossen sich Bundestag und Bundesrat zur Einführung der allgemeinen Wehrpflicht. Ihr unterliegen Männer vom vollendeten 18. Lebensjahr an. Sie können zum Dienst in den Streitkräften, im Bundesgrenzschutz oder in einem Zivilschutzverband verpflichtet werden. Allerdings wurde das Recht, den Kriegsdienst mit der Waffe aus Gewissensgründen zu verweigern (Art. 4 Abs. 3 GG), schon in den ursprünglichen Text des GG aufgenommen.

Zur Gründungszeit der Bundeswehr war ihr alleinig denkbarer Auftrag die Verteidigung des deutschen Territoriums gegen militärische Angreifer von außen, und dies sollte mithilfe einer zahlenmäßig starken Reservistenarmee (d. h. unter Rückgriff auf ehemalige Wehrpflichtige) geschehen. Ob dies Konzept gegenwärtig angesichts der völlig neuen Aufgaben der Bundeswehr (s. u.) noch sinnvoll ist, wird heute sehr kontrovers diskutiert. Die Wehrpflicht wird zum 1. 7. 2011 ausgesetzt, der Art. 12a GG aber bleibt bestehen, sodass sie jederzeit durch ein einfaches Bundesgesetz wieder eingeführt werden kann. Die Bundeswehr wird von 250 000 auf ca. 185 000 Berufs- und Zeitsoldaten verkleinert, darunter ca. 7 500 freiwillig Wehrdienst Leistende.

Neubestimmung des Bundeswehrauftrages

Bei der Neudefinition des Auftrages der deutschen Armee gibt es zwei grundsätzlich unterschiedliche Bereiche: den Einsatz der Bundeswehr im Innern (also innerhalb der Grenzen Deutschlands) und im Ausland.

Traditionell gibt es in einem demokratischen Rechtsstaat eine klare Trennung zwischen Polizei und Militär: Die Polizei sichert mit polizeilichen Mitteln und Methoden die innere Sicherheit, das Militär geht (im Einsatzfalle) mit militärischen Mitteln und Methoden gegen den exterritorialen Gegner vor. Diese klare Aufgaben- und Kompetenzverteilung beginnt sich aufzulösen (vgl. auch „Weltinnenpolitik", ↗ S. 186 ff.). Schon die Tatsache, dass die NATO sich als Wertegemeinschaft sieht und sich Interventionsmöglichkeiten für Frieden und Demokratie offenhält

(↗ S. 171 ff.) zeigt dies neue Verständnis militärischen wie zivilen Peacekeepings. Aber auch die historisch neue Situation, die die Terroranschläge vom 11.9.2001 geschaffen haben, lässt die Grenzen zwischen Polizei- und Militärarbeit verwischen: Bei Terroranschlägen gibt es keine exterritorialen, klar identifizierbaren Gegner – im Gegenteil, beispielsweise kamen die Attentäter der Londoner Anschläge 2005 aus der eigenen Gesellschaft.
Das Weißbuch formuliert:
„Internationale Konfliktverhütung und Krisenbewältigung einschließlich des Kampfes gegen den internationalen Terrorismus sind auf absehbare Zeit die wahrscheinlicheren Aufgaben. Sie sind strukturbestimmend und prägen maßgeblich Fähigkeiten, Führungssysteme, Verfügbarkeit und Ausrüstung der Bundeswehr. Die Verflechtungen zwischen innerer und äußerer Sicherheit nehmen immer mehr zu.“ (http://www.weissbuch.de/download/Weissbuch_2006_Druckversion.pdf)

Inlandseinsätze der Bundeswehr

Die Möglichkeiten, die Bundeswehr im Inland einzusetzen, sind nach Art. 35 GG sehr eingeschränkt: Sie beziehen sich im Prinzip lediglich auf nicht-militärische Hilfseinsätze bei Naturkatastrophen. Lediglich der in Art. 87a Abs. 4 GG präzisierte „innere Notstand“ bei der „Bekämpfung organisierter und militärisch bewaffneter Aufständischer“ lässt eine – theoretische – Ausnahme zu. Im Jahr 1968, als dieser Absatz im Zuge der sog. Notstandgesetzgebung in das GG aufgenommen wurde, führte diese Formulierung zwar zu wütenden Protesten, geriet aber dann mangels aktueller Bezüge in Vergessenheit.
Mit dem Weißbuch vom Oktober 2006 betritt die Bundesregierung verfassungs- und realpolitisches Neuland:
„Die Abwehr terroristischer und anderer asymmetrischer Bedrohungen innerhalb Deutschlands ist vorrangig eine Aufgabe der für die innere Sicherheit zuständigen Behörden von Bund und Ländern. Jedoch kann die Bundeswehr zu ihrer Unterstützung mit den von ihr bereitgehaltenen Kräften und Mitteln immer

dann im Rahmen geltenden Rechts zum Einsatz kommen, wenn nur mit ihrer Hilfe eine derartige Lage bewältigt werden kann. Militärische Kampfmittel dürfen dabei bislang nicht eingesetzt werden. Hier sieht die Bundesregierung die Notwendigkeit einer Erweiterung des verfassungsrechtlichen Rahmens."
(http://www.weissbuch.de/download/Weissbuch_2006_Druckversion.pdf)

Falls es diese Verfassungsänderung tatsächlich geben sollte, wäre mit dem (militärischen) Einsatz von Bundeswehrsoldaten etwa bei der Flug- und Seesicherung oder möglichen terroristischen Anschlägen zu rechnen. Da ein Einsatz in diesen überaus sensiblen Bereichen aber weit mehr als eine militärische Grundausbildung erfordert, bleibt höchst unklar bzw. unwahrscheinlich, ob Wehrpflichtige dazu in der Lage wären. Wahrscheinlich wird dies (wie bei Auslandseinsätzen) ausschließlich eine Aufgabe von gut ausgebildeten und speziell geschulten Berufssoldaten werden.

Auslandseinsätze der Bundeswehr
Die neue auslandspolitische Aufgabe der Bundeswehr wird in einem offiziellen Grundsatzpapier wie folgt umrissen:
„Heute ist die Abwehr einer Bedrohung in Deutschland nicht mehr der wahrscheinlichste Fall. Vielmehr können Soldaten zur gemeinsamen Verteidigung im Bündnis und zur Leistung von Beistand für Menschen und Völker in Not und Gefahr eingesetzt werden. Da Freiheit und Menschenwürde nicht an den Grenzen Deutschlands enden, macht auch der Einsatz des Soldaten hier nicht mehr halt. Er kann das gesamte Spektrum von der humanitären Hilfeleistung bis hin zum Kampfeinsatz umfassen. Hierauf muss sich der Soldat innerlich einstellen. Er muss die ethische und politische Notwendigkeit eines Einsatzes für sich persönlich annehmen und voll und ganz dafür einstehen. Dazu benötigt er aber auch einen breiten gesellschaftlichen Rückhalt."
(www.bundeswehr.de)

Das Interventions- und Sicherheitskonzept der Bundeswehr wird markiert durch die Eckpunkte „Zivile Krisenprävention, Konfliktlösung und Friedenskonsolidierung“ und geht damit über die rein militärische Ebene deutlich hinaus (vgl. den Einsatz im ehemaligen Jugoslawien). Die Neudefinition der Bundeswehr setzt damit voraus: kleine, hochmobile Einsatztruppen von Zeit- oder Berufssoldaten, die über eine umfassende Ausbildung nicht nur im militärischen Sektor verfügen, sondern auch in zivilen Bereichen (Verwaltung, Polizei- und Rechtssystem, Bildungswesen), und die zudem geschult sind im Konfliktmanagement, in psychologischen Dimensionen und die sich möglichst auch mit den landesspezifischen und ethnologischen Besonderheiten des Einsatzgebietes auskennen.
Das Weißbuch der Bundeswehr vom Oktober 2006 umreißt die Dimensionen künftiger Bundeswehreinsätze mit folgenden Eckpunkten:
„Die Sicherheitspolitik Deutschlands wird von den Werten des Grundgesetzes und dem Ziel geleitet, die Interessen unseres Landes zu wahren, insbesondere: (…)

- regionalen Krisen und Konflikten, die Deutschlands Sicherheit beeinträchtigen können, wenn möglich vorzubeugen und zur Krisenbewältigung beizutragen,
- globalen Herausforderungen, vor allem der Bedrohung durch den internationalen Terrorismus und der Weiterverbreitung von Massenvernichtungswaffen, zu begegnen,
- zur Achtung der Menschenrechte und Stärkung der internationalen Ordnung auf der Grundlage des Völkerrechts beizutragen,
- den freien und ungehinderten Welthandel als Grundlage unseres Wohlstands zu fördern und dabei die Kluft zwischen armen und reichen Weltregionen überwinden zu helfen. …

Die Bundeswehr hat den Auftrag,
- die außenpolitische Handlungsfähigkeit zu sichern,
- einen Beitrag zur Stabilität im europäischen und globalen Rahmen zu leisten,

- die nationale Sicherheit und Verteidigung zu gewährleisten,
- zur Verteidigung der Verbündeten beizutragen,
- die multinationale Zusammenarbeit und Integration zu fördern, zu vertiefen und zu befestigen.

(http://www.weissbuch.de/download/Weissbuch_2006_Druckversion.pdf)

Der Libanon-Einsatz der deutschen Marine vom Herbst 2006 zeigt aber auch klar die Grenzen, die eine international agierende Interventionsarmee immer haben wird: Ungenaue Beschreibungen des UN-Mandates bergen Konfliktpotenzial und können zu gefährlichen Situationen führen.

4.6 Die OSZE

Von der KSZE zur OSZE

Die „Organisation für Sicherheit und Zusammenarbeit in Europa" (OSZE) (bis 1994 „Konferenz für Sicherheit und Zusammenarbeit in Europa" – KSZE) versteht sich als multinationales Sicherheitsforum zur Förderung des Friedens in Europa, das vor allem auf Initiative der Sowjetunion zustande kam. Voraussetzung war die allmähliche Entspannung im Ost-West-Konflikt sowie das Bemühen der Sowjetunion, engeren Kontakt mit den westlichen Industriestaaten aufzunehmen. Die KSZE gründete sich am 3. 3. 1973 in Helsinki. Alle europäischen Länder (Ausnahme Albanien) sowie die USA und Kanada waren vertreten. Die ***Schlussakte*** der KSZE erkannte die Unverletzbarkeit der Grenzen zwischen den Staaten an, einschließlich der deutsch-deutschen Grenze. Weiterhin verpflichteten sich die Unterzeichnenden, die Menschenrechte anzuerkennen. Zusätzlich sollten die Ein- und Ausreisebeschränkungen gelockert und die Pressefreiheit gewährleistet werden. Weitere Treffen sollten die Einhaltung dieser Vorschriften kontrollieren. Ende der 70er- und Anfang der 80er-Jahre fanden drei ***KSZE-Folgekonferenzen*** statt.

711 212
© Bergmoser + Höller Verlag

1990 bestimmte die KSZE ihre Funktionen neu: Die Teilnehmerstaaten unterzeichneten die ***Charta von Paris*** für ein neues Europa, in der sie sich zu den Grundsätzen der Rechtsstaatlichkeit, des demokratischen Pluralismus und der Förderung der Beziehungen untereinander und zu einer festeren Organisationsbildung bekannten. Auf der 4. KSZE-Folgekonferenz in Helsinki 1992 wurde beschlossen, die KSZE als regionale Organisation unter dem Dach der Vereinten Nationen zu etablieren. Bei der 5. Folgekonferenz in Budapest im Dezember 1994 wurde die KSZE dann in OSZE umbenannt. Man einigte sich auf einen zweijährigen Turnus von Gipfeltreffen. Am Beginn des 21. Jahrhunderts ist die KSZE ein fester und nicht mehr wegzudenkender Bestandteil europäischer Politik.

Organisation und Aufgaben

Die OSZE hat sich selbst die Hauptaufgabe gegeben, Konflikte in ihrem Vertragsgebiet zu schlichten. Zur Konfliktverhütung oder Friedenserhaltung gehören ein Frühwarnsystem, Überprü-

fungs-, Kontroll- und Beobachtermissionen sowie das grundsätzliche Recht, OSZE-Teams in Krisengebiete zu entsenden. Das OSZE-Regelwerk sieht auch die Entsendung von Friedenstruppen vor, da das Nichteinmischungsprinzip in die inneren Angelegenheiten eines Staates durch eine „Sorge- und Mitsprachepraxis der OSZE-Gemeinschaft bei Normverletzungen“ ersetzt wurde. Da die OSZE jedoch keine eigenen Streitkräfte besitzt, stellen NATO oder WEU auf Anforderung die erforderlichen Kontingente. Eine Entsendung von Truppen muss aber von den OSZE-Mitgliedern einstimmig gebilligt werden. Erst bei einem Scheitern der Bemühungen sollen die Vereinten Nationen eingeschaltet werden.
Für die kleinen Länder ist die OSZE das Forum, in dem sich Konflikte mit einem anderen kleinen Land oder auch mit einer Großmacht zur Sprache bringen, im günstigsten Fall sogar eingrenzen oder beenden lassen. Neben der übergreifenden europäischen Sicherheitsarchitektur ist eine weitere Aufgabe der OSZE die Eindämmung der seit dem Ende der Blockkonfrontation nahezu epidemisch gewordenen lokalen Konflikte und Kriege.

4.7 Der Wandel des Völkerrechts

Vom Golfkrieg zum Kosovo-Konflikt

Die Funktion der Streitkräfte verlagert sich nach der Epochenwende von 1989/90 immer mehr von der Landesverteidigung auf die Friedenserhaltung und -erzwingung, also auf eine ***internationale Polizeifunktion***. Selbst traditionelle Gegner der Bundeswehr und jeder militärischen Bewaffnung (wie ein Großteil von „Bündnis90/Die Grünen“) akzeptieren inzwischen mehrheitlich, dass es menschenrechtsverachtende Diktaturen und völkervernichtende Konflikte in der Welt gibt, die den Einsatz von Waffen zur Wiederherstellung des Friedens notwendig machen. Die Grünen fordern aber, dass solche friedenserhaltenden und -schaffenden Militäreinsätze an die Normen und Standards der

Vereinten Nationen und der OSZE gebunden werden und die friedenspolitische Funktion dieser Organisationen nicht eingeschränkt, sondern ausgeweitet wird. Auf diesem Hintergrund wird die „neue Qualität“ des Kosovoeinsatzes von NATO-Truppen (etwa im Vergleich zum „Golfkrieg“) deutlich:
Der Golfkrieg 1991 war ein vom „klassischen“ Völkerrecht ausdrücklich ermöglichter und von der UN-Charta „zugelassener“ Krieg, der durch folgende Bedingungen gekennzeichnet war:

- Der Irak hatte (ein halbes Jahr zuvor) den souveränen Nachbarstaat Kuwait widerrechtlich angegriffen und besetzt (annektiert).
- Der UN-Sicherheitsrat, der das ***internationale Gewaltmonopol*** innehat, hat in mehreren Resolutionen die USA und die NATO eindeutig ermächtigt, auch mit militärischen Mitteln Kuwait wieder zu befreien.
- Der (Luft-)Krieg gegen den Irak war kein von der UNO geführter Krieg, sondern alle strategischen wie taktischen Maßnahmen wurden von den USA und der NATO geplant und ausgeführt. Aber dennoch stand der Krieg unter der grundsätzlichen „Genehmigung“ der UNO. Er endete folgerichtig (wenn auch für viele unverständlich), als das UNO-Mandat zur Wiederbefreiung Kuwaits erfüllt war. Kontroversen gab es denn auch hauptsächlich um die Frage, ob vor Einsatz der militärischen tatsächlich alle anderen Mittel ausgeschöpft worden seien.

Der Kosovo-Konflikt stand unter völlig anderen Vorzeichen:

- Das Kosovo ist territorialer Bestandteil der Republik Jugoslawien.
- Die NATO führte den militärischen Angriff, ohne das Mandat des UN-Sicherheitsrates eingeholt zu haben (was auch am Veto Russlands und Chinas gescheitert wäre).
- Der Kosovo-Krieg war daher eindeutig eine Einmischung in die inneren Angelegenheiten eines souveränen Staates, der von der UN-Charta nicht gebilligt wurde und gegen Art. 26 GG (Verbot der Führung eines ***Angriffskrieges***) verstieß. Unter dem Aspekt der internationalen Politik markierte der Golfkrieg am

Anfang der Dekade sinnfällig das Ende des Ost-West-Konfliktes, da erstmals in einer substanziellen Entscheidung die Supermächte nicht durch einen ideologischen Graben getrennt waren, sondern einstimmig entschieden. Der Kosovo-Konflikt markiert die neue Qualität des völkerrechtlichen Denkens am Beginn des 3. Jahrtausends: weg vom Recht zwischen Staaten, hin zum Recht von Menschen.

Internationale Politik als „Weltinnenpolitik"?

Es gibt keine Ausnahmen vom völkerrechtlichen Gewaltverbot, das alleinige Gewaltmonopol liegt beim Sicherheitsrat. Auch die ***Völkermordkonvention*** (von 1948) enthält ausdrücklich keine Befugnis für Drittstaaten, im Falle eines Völkermords einzugreifen. Daher bestand bis zum Kosovoeinsatz der NATO allgemeiner Konsens, eine Resolution des Sicherheitsrates einzuholen. Auf der anderen Seite kann nicht übersehen werden, dass seit dem Ende des Ost-West-Konfliktes der Druck wächst, die ursprüngliche Bedeutung des Völkerrechts als eines Rechts zwischen Staaten zu einem Recht der Menschen zu transformieren. Für die Gründer der UNO war die Sicherung der Menschenrechte nachrangig gegenüber den Prinzipien der nationalen Souveränität und dem Prinzip der Nichteinmischung. Inzwischen hat die Entwicklung mit Beginn der KSZE-Schlussakte von 1975 eine neue Dimension bekommen: Die Einhaltung der Menschenrechte wird als „Prinzip" anerkannt, das mindestens gleichrangig neben der Souveränität steht. Dies ist normative Grundlage, um das latente Spannungsverhältnis der beiden völkerrechtlichen Grundprinzipien (***Recht auf Selbstbestimmung*** einerseits, territoriale Integrität und ***Souveränität*** andererseits) zu lösen. Für die Teilnehmer der OSZE ist es seither im Verhältnis untereinander keine Einmischung mehr, sich mit etwas zu befassen, was eigentlich zum Kernbereich der ***internen Herrschaftsordnung*** zählt. Das Prinzip „Menschenrecht vor nationaler Souveränität" bedeutet, dass innerhalb der OSZE Fragen der Menschenrechte, Demokratie und Rechtsstaatlichkeit alle etwas angehen. Damit

hat die OSZE völkerrechtliches Neuland beschritten und einen Weg eingeschlagen, der auch in wirtschaftlicher und sozialer Hinsicht weit über bisherige Bündnissysteme hinausreichen könnte.
Mit dem Angriff auf die Republik Jugoslawien hat auch die NATO grundsätzlich Neuland betreten, denn sie hat die Verletzung der Menschenrechte durch die Unterdrückung und Verfolgung der Albaner im Kosovo so behandelt wie die Verletzung der Integrität eines staatlichen Territoriums. Die NATO ging gegen die Republik Jugoslawien vor, als gälte es, die Serben zum Rückzug aus einem widerrechtlich annektierten fremden Territorium zu zwingen. Diese Gleichsetzung universaler Menschenrechte mit dem Souveränitätsrecht ist ein Schritt hin zu einer Art ***Weltinnenpolitik*** und bedeutet für die NATO-Truppen eine fundamentale Neubestimmung und -orientierung hin zu einer Art ***Weltpolizei***, die die klassische Trennung der Bereiche von Innen- und Außenpolitik, von Polizei und Militär aufheben würde. – Dies wirft eine Fülle neuer Fragen und Probleme auf, die innenpolitisch zwar heikel sind, aber institutionell klar zugeordnet werden können:

- Wann ist die Grenze überschritten, jenseits der die NATO oder die UNO oder sonst eine internationale Staatengemeinschaft das Recht oder die Pflicht zu (militärischem? oder polizeilichem?) Eingreifen haben?
- Darf oder muss sie auch präventiv, vorbeugend, eingreifen? Und welche Bedingungen müssen für einen Präventivschlag vorliegen?
- Wer hat die Entscheidungsgewalt über einen Einsatz und wacht über das Gebot der Verhältnismäßigkeit?
- Wer trägt auf welche Weise das Beweismaterial zusammen, auf das sich die Entscheidung zur Intervention gründet?

Der 2003 von den USA gegen den Willen der UNO und ohne ein Mandat des Sicherheitsrates begonnene Irak-Krieg führte zwar zu schnellen militärischen Anfangserfolgen und zur Absetzung (und später der Verhaftung, Verurteilung und Hinrichtung) von Saddam Hussein, stürzte den Irak aber in ein Chaos aus Gewalt und Attentaten und hat dem internationalen Terrorismus kräftigen Auftrieb gegeben. Zudem mussten Bush und Blair 2005 zumindest indirekt zugeben, dass der Kriegsgrund – das Vorhandensein von Massenvernichtungswaffen – nur vorgeschoben war.

Dies alles hat nicht nur der von der Bush-Administration anfänglich fast gedemütigten UNO neue Weltgeltung und Bedeutung verschafft, sondern verschärft die aufgeworfenen Fragen noch einmal:

- Wer entscheidet, wann angegriffen wird? Der Präsident eines Landes (USA) alleine? Oder die UNO? Oder die NATO?
- Darf präventiv eingegriffen werden? Von wem?
- Wer entscheidet über die Verhältnismäßigkeit der eingesetzten Mittel?
- Und: Wer entscheidet, ob die Qualität und Glaubwürdigkeit „klassischer Polizei- und Detektivarbeit" – die Kontrolltätigkeit der UN-Waffeninspekteure auf dem Territorium des Irak – ausreichende Beweggründe für den Krieg oder seine Vermeidung liefert?

Mit dem neuen Präsidenten Obama hat sofort eine neue Militärdoktrin Einzug ins Pentagon gehalten und der Abzug der Kampftruppen aus dem Irak zum 1. 9. 2010 ist beschlossene Sache. Für die USA geht es nicht mehr darum, diesen Krieg zu gewinnen, sondern nur noch um einen geordneten Abzug, der das Land nicht in ein allzu großes Chaos stürzt. Weiter im Land bleiben lediglich 50 000 Mann, die ausschließlich die Aufgabe haben, die irakischen Sicherheitskräfte auszubilden.

Globalisierung

5.1 Globalisierung der Waren- und Dienstleistungsmärkte

Die nationalen Volkswirtschaften sind am Beginn des 3. Jahrtausends in vorher nie gekannter Weise vom internationalen Handel abhängig: Während die durchschnittliche Produktivität weltweit in den letzten 50 Jahren um rund 3,9 % jährlich anstieg, wuchs der Welthandel im gleichen Zeitraum um fast 7 % jedes Jahr! Die Ursachen für diese explosionsartige Zunahme liegen zum einen in den durch die Einführung des Containers dramatisch gesunkenen Transportkosten, zum anderen in der Tatsache, dass immer mehr Teilfabrikation ins Ausland ausgelagert wird.

Wohlstandsquelle Welthandel

Reale Entwicklung – Index 1950 = 100

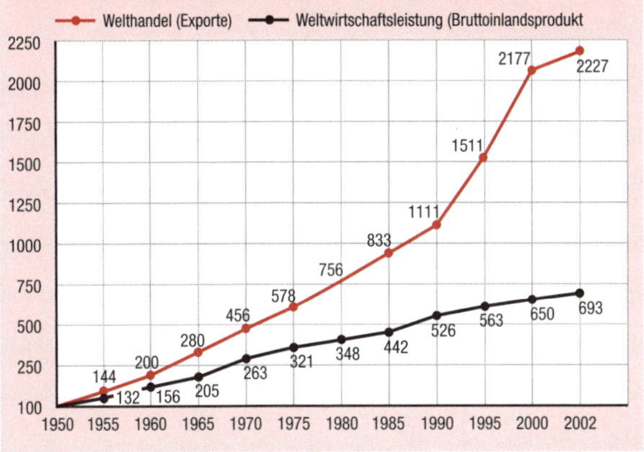

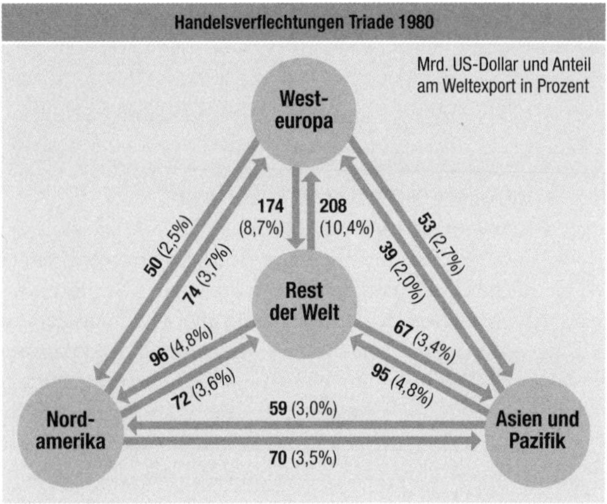
Handelsverflechtungen Triade 1980
Mrd. US-Dollar und Anteil am Weltexport in Prozent
West-europa
Rest der Welt
Nord-amerika
Asien und Pazifik
174 (8,7%)
208 (10,4%)
50 (2,5%)
74 (3,7%)
53 (2,7%)
39 (2,0%)
96 (4,8%)
72 (3,6%)
67 (3,4%)
95 (4,8%)
59 (3,0%)
70 (3,5%)

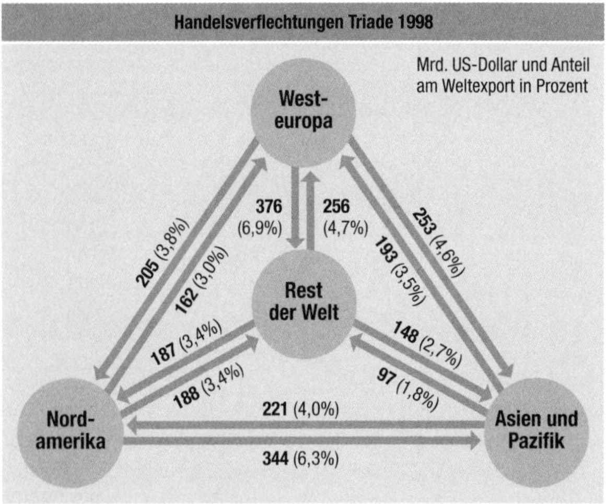
Handelsverflechtungen Triade 1998
Mrd. US-Dollar und Anteil am Weltexport in Prozent
West-europa
Rest der Welt
Nord-amerika
Asien und Pazifik
376 (6,9%)
256 (4,7%)
205 (3,8%)
162 (3,0%)
253 (4,6%)
193 (3,5%)
187 (3,4%)
188 (3,4%)
148 (2,7%)
97 (1,8%)
221 (4,0%)
344 (6,3%)

Ähnliches gilt auch für den Dienstleistungsbereich, hier waren die Wachstumsraten sogar noch ein wenig höher. Diese verhältnismäßig „harmlos“ klingenden Zahlen täuschen über die tatsächliche Entwicklung hinweg, da sie das exponentielle Wachstum messen. In absoluten Zahlen ausgedrückt, liest sich das so, dass die Produktivität sich in diesen 50 Jahren verdreifacht, das Gesamtvolumen des Welthandels aber verachtfacht hat!

Westeuropa ist nach wie vor die führende Exportregion; die größten Wachstumsraten in den letzten Jahrzehnten verzeichnet aber eindeutig Asien. Fachleute sprechen heute in Bezug auf die Struktur des Welthandels von Triadisierung: Außenhandel wie Auslandsproduktion konzentrieren sich auf die Triade Europäische Union – USA – Japan. Allerdings sind die benachbarten Schwellenländer (wie die Tiger-Staaten in Südostasien oder die mittel- und lateinamerikanischen Länder wie Mexiko) intensiv eingebunden. Die beiden Übersichten auf der gegenüberliegenden Seite zeigen die Entwicklung.

Auffällig ist, dass die Schwellenländer mit dynamischer Wirtschaftsentwicklung sich immer weiter von den „klassischen“, Rohstoff exportierenden Dritte-Welt-Ländern entfernen.

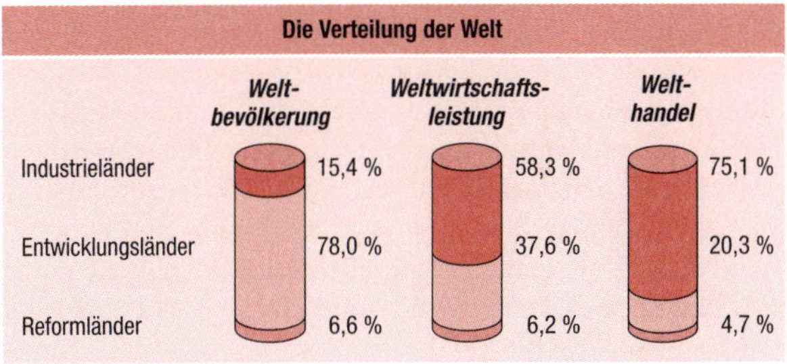

Die Güterstruktur des Welthandels hat in den vergangenen Jahrzehnten einen tiefgreifenden Strukturwandel durchgemacht. Industriegüter- und Dienstleistungshandel sind zuungunsten des Handels mit Agrarprodukten (47 % des Welthandels 1950 –

9 % im Jahre 2000) stark angewachsen. Mit Entwicklungsländern tauschen die Industrieländer ihre technologisch anspruchsvolleren Industrieprodukte gegen arbeits- und rohstoffintensive Erzeugnisse ***(inter-industrieller Handel)***. Einzelne Schwellenländer dringen jedoch bereits in typische Exportdomänen der Industrieländer vor (z. B.: Elektrotechnik und Elektronik, Automobile) und treten verstärkt in den ***infra-industriellen Handel*** – Industrieprodukte gegen Industrieprodukte – ein. In Zukunft ist mit einem weiter steigenden Gewicht des intra-industriellen Austauschs im Welthandel zu rechnen. Zudem wird die heutige Triadisierung nach Meinung einer Reihe von Fachleuten schon in wenigen Jahrzehnten der Vergangenheit angehören, weil Schwellenländer und insbesondere China mit seinen rund 1,3 Mrd. Menschen auf den Weltmarkt drängen. Nach Schätzungen könnte dann im Jahr 2050 der heutige Anteil der EU am Welthandel von rund 40 % auf gut 15 % zurückgedrängt werden!

Auch im internationalen Dienstleistungshandel hat sich ein weitreichender Strukturwandel vollzogen: Bis etwa 1985–90 bestand dieser Sektor zu einem großen Teil aus Transportleistungen. Diese sind seitdem stark geschrumpft. Auch der Reisesektor stagniert seit etwa 1990, allerdings auf einem sehr hohen Niveau. Demgegenüber sind die „sonstigen Dienstleistungen" stetig und kräftig expandiert und bilden nunmehr mit Abstand den größten der drei Hauptdienstleistungssektoren. Unter diesen Dienstleistungen sind zu verstehen: international gehandelte Kommunikations-, Computer- und Informations-, Finanz- und Versicherungsleistungen, gefolgt von persönlichen, kulturellen und Erholungsdienstleistungen sowie Lizenz- und Gebührenzahlungen beispielsweise für die Nutzung von Software. Dieses Wachstumspotenzial ist außerordentlich hoch, zumal die Konkurrenz auf diesem Sektor gerade erst begonnen hat.
Dienstleistungen galten – insbesondere in der Bundesrepublik – bis vor ca. 15 Jahren als statistisch wenig erfassbar und stark ortsgebunden, sie spielten daher bei früheren ökonomischen

Kalkulationen keine oder nur ein untergeordnete Rolle. (Aus diesem Grund hat man in Deutschland auch lange Zeit die Hoffnung gehegt, der tertiäre Dienstleistungssektor könne die im sekundären Sektor, d. h. der Industrieproduktion wegbrechenden Arbeitsplätze auffangen.) Beide Annahmen sind mit dem Siegeszug der IT-Branche hinfällig geworden.

Die Zahlungsbilanzstatistik hat als Hauptquelle für den internationalen Dienstleistungsverkehr zahlreiche Schwächen. Einige, selbst größere Länder meldeten noch bis vor kurzem keine entsprechenden Daten. Defizite bestehen bei der Differenzierung nach Dienstleistungsarten und Unterschieden in den Erfassungsmethoden. Dies führte und führt zu einer Unterschätzung des tatsächlichen Umfangs des internationalen Dienstleistungsverkehrs. Eine weitere Fehlerquelle liegt darin, dass die Dienstleistungen über Niederlassungen im Ausland (commercial presence) nicht erfasst werden.

Selbstredend gilt nach wie vor für weite Bereiche des Dienstleistungssektors die Einheit von Herstellung und Konsum einer Dienstleistung (vom Arztbesuch bis zum Friseurhaarschnitt geht es nicht ohne direkten Kontakt). Für zunehmend mehr Dienstleistungen aber wird durch die Anwendung der neuen IT-Techniken diese Einheit aufgehoben. Internet und die neuen Telekommunikationsmöglichkeiten prägen grundlegend neue global-virtuelle Dienstleistungswelten und -konkurrenzen. Es kommt zu völlig neuen Kombinationen von ortsgebundenen und virtuellen Dienstleistungen: Kaum ein Privatkunde wird z. B. bei einer Finanzberatung durch seine Hausbank auf „seinen“ persönlichen Gesprächspartner verzichten wollen, Geldautomaten dagegen haben sich längst durchgesetzt. Ob die Buchhaltung der Hausbank im ersten Stock über der Schalterhalle oder im südöstlichen Indien abgewickelt wird, interessiert im Regelfall keinen dieser Privatkunden.

Die ***nicht standortgebundenen Dienstleistungen*** gehören in der Regel zur „wissensintensiven“ (und häufig unternehmensberatenden) Art. Sie bilden den wichtigsten Sektor der künftigen

Globalisierungstendenzen im tertiären Sektor – die Forderung nach Indern als quasi „importierten“ Computerexperten im Deutschland der Jahrtausendwende ist nur ein Beispiel für diese Entwicklung. Galt früher die Arbeitsproduktivität im sekundären Sektor als Index für den Entwicklungsstand einer Volkswirtschaft, so ist dies heute eher der Anteil der „wissensintensiven Dienstleister“ an der erwerbstätigen Bevölkerung.

Anteil der Erwerbstätigen in wissensintensiven Wirtschaftszweigen in der gewerblichen Wirtschaft in Europa 2009

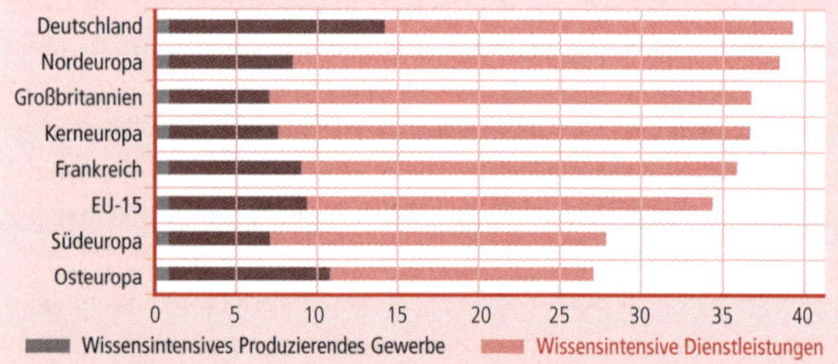

Nordeuropa: Schweden, Finnland, Norwegen, Dänemark, Island, Irland; Südeuropa: Spanien, Italien, Portugal, Griechenland
Kerneuropa: Schweiz, Österreich, Belgien, Luxemburg, Niederlande; Osteuropa: umfasst die 12 seit 2004 zur EU beigetretenen Länder
Quelle: Eurostat, Europäische Arbeitkräfteerhebung. – Berechnungen des Niedersächsischen Instituts für Wirtschaftsforschung NIW.

Die Erfassung der bereits stattgefundenen Globalisierungen ist zum gegenwärtigen Zeitpunkt schwierig. Es gibt zwar einige Zahlen: So hat sich z. B. die Anzahl der multinationalen Unternehmen, die weltweit operieren, von 1990 bis 2000 versechsfacht. Doch trotz einer Fülle von Statistiken zu Globalisierungstatbeständen liegt das Problem in der Verfügbarkeit, Vergleichbarkeit und Interpretation dieser Daten:

- ***Verfügbarkeit:*** Gerade für den zur Zeit so wichtigen Dienstleistungsbereich gibt es in vielen Länder keine Statistiken, und auch die Dienstleistungsbilanzen sind häufig ungenau und veraltet.
- ***Vergleichbarkeit:*** Allgemeingültige Globalisierungsindikatoren abzuleiten ist schwierig, weil die internationalen Organisationen wie UNO, WTO, IWF oder OECD mit z. T. unterschied-

lichen Methoden die Außenhandels-Statistiken erstellen. Ein weiteres Problem ist die verschiedene Zuordnung bzw. Abgrenzung von Ländergruppen.

- ***Interpretation:*** Traditionell „sichere" Indikatoren wie z. B. der Exportmarktanteil (auf dem Gütermarkt) haben ihre Aussagekraft verloren, wie das obige Beispiel der wissensintensiven Dienstleistungsexporte zeigt.

Das Problem „Direktinvestitionen"

Direktinvestitionen dienen dem Erwerb sowie dem Aus- oder Aufbau von Unternehmen im Ausland. Sie werden als jährliche Kapitalströme („Flows") oder als Kapitalbestand am Jahresende („Stock") gemessen. Beide Größen weisen zwar den Vorteil international breiter und zeitnaher Datenverfügbarkeit auf; ihre Aussagekraft als Indikator für die internationale Unternehmensverflechtung ist jedoch begrenzt. Sie sind nicht mit realen Investitionen gleichzusetzen, sondern stellen ins Ausland transferierte Finanzmittel dar, die für reale Investitionen aufgewendet werden können, aber nicht müssen.

Hinzu kommt, dass die internationale Unternehmensverflechtung durch Direktinvestitionen und Auslandsproduktion wesentlich unvollständiger und uneinheitlicher erfasst wird als der Außenhandel. Insbesondere gilt dies für die mit Direktinvestitionen einhergehenden grenzüberschreitenden Transaktionen und bei der statistischen Erfassung operationaler Daten von Auslandsgesellschaften. So fehlen bei auslandskontrollierten Unternehmen in Deutschland z. B. Daten über ihre letztlichen Eigentümer, ihre Wertschöpfung, Löhne und Gehälter und Investitionen, ferner über ihren gesamten und konzerninternen Außenhandel und ihre Steuerzahlungen.

Ein weiteres Problem stellt die geringe Tiefe der statistischen Untergliederung dar. Dies erschwert die Analyse von Internationalisierungsprozessen gerade in den technologisch anspruchsvollen Bereichen (New Economy, Dienstleistungen überwiegend für Unternehmen, Nachrichtenübermittlung).

Die Grafiken zeigen die Dynamik auf diesem Sektor – denn während die Wachstumsraten von Inlands-Investitionen und Exporten in etwa denen des Bruttoinlandsproduktes (BIP) entsprechen, sind die Direktinvestitionen geradezu explodiert.

Wachstumsraten von Investitionen, Exporten und Direktinvestitionen im Vergleich

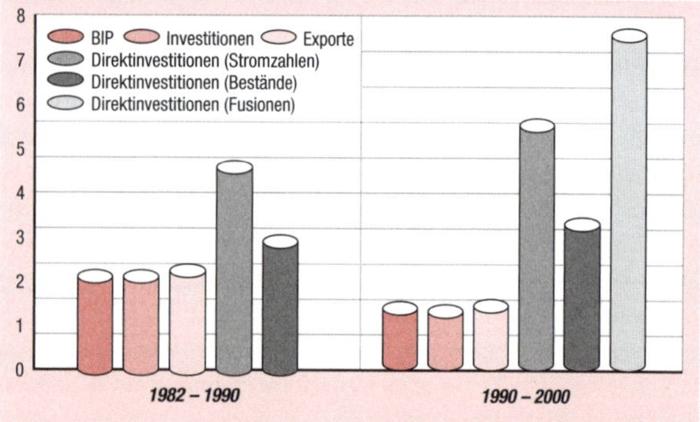

Globales Kapital

Weltweite Investitionen (in Mrd. Dollar) | *Investitionsziele*

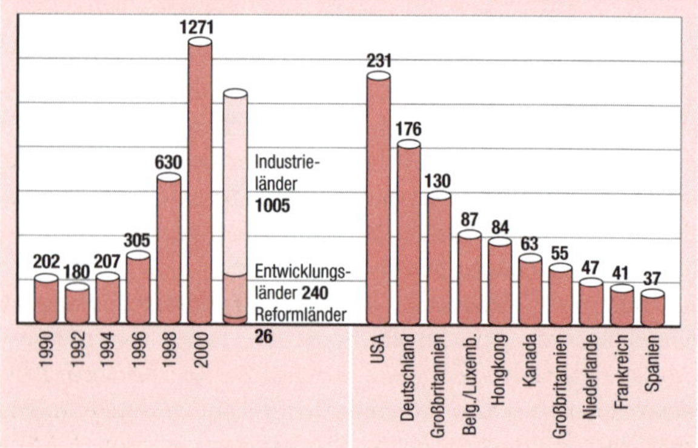

Die Direktinvestitionen der multinationalen Konzerne der Industriestaaten lassen sich nach zwei Gesichtspunkten charakterisieren:

- Absatzorientierte Direktinvestitionen spekulieren schwerpunktmäßig auf neue Absatzmärkte und entsprechende Gewinne. Folgerichtig sind zur Zeit China, Indien und die bevölkerungsstarken lateinamerikanischen Staaten bevorzugtes Ziel.
- Kostenorientierte Direktinvestitionen nutzen die Spannen in den Lohnniveaus zweier Länder. So sind etwa die Direktinvestitionen des Westens in den ehemaligen RGW-Staaten Ostmitteleuropas daraus zu erklären, dass das dortige Lohnniveau nur etwa ein Zehntel des deutschen beträgt.

5.2 Globalisierung der Finanzmärkte

Auf keinem anderen Sektor hat die Globalisierung ein so rasantes Tempo vorgelegt wie auf dem der Finanzmärkte. Das ist allerdings nicht weiter verwunderlich, denn in keinem anderen Bereich sind die Mobilisierungskosten so gering – im Prinzip tendieren sie angesichts der heutigen Kommunikationsmöglichkeiten gegen Null. Während der elektronische Interbankhandel 1995 nur etwa 20–30 % ausmachte, waren es im Jahre 2000 bereits 90–95 %.

Die bis Anfang der 1990er-Jahre vollzogene Öffnung aller Märkte des Finanzsektors hat dazu geführt, dass im Prinzip jeder Anleger sein Geldvermögen (Portefeuille) sekundenschnell international umschichten kann. Da sich Anfang der 1990er-Jahre die bis dato vom Weltmarkt völlig abgeschotteten ehemals sozialistischen Planwirtschaften Mittel- und Osteuropas ebenfalls zu offenen Marktwirtschaften wandelten, kann man seitdem von einem wirklich globalen Markt reden.
Indikator für die extrem gestiegenen Aktivitäten auf dem Finanzsektor ist der tägliche Umsatz auf den ***Devisenmärkten.*** Er stieg von 600 Mrd. Dollar Ende der 1980er-Jahre auf heute 1,2 Billi-

onen. Dieser Wert wäre noch viel höher, wenn nicht seit der Einführung des Euro sämtliche Transaktionen innerhalb des EU-Gebietes aus der Zählung herausgefallen wären.
Wichtigstes Kennzeichen des globalisierten Finanzmarktes ist eine weitgehende Abkoppelung von allen Warenmärkten und die Konzentration auf Devisenspekulationen und Derivatenhandel, was die Risiken aber auch die Gewinnmarge gewaltig erhöht.

Devisenspekulationen
Täglich werden unvorstellbare Geldmengen „um den Globus" gejagt, um Gewinne aus Wechselkursschwankungen zu erzielen. Diese eigentlich simple Tatsache ist das ganze Geheimnis der Devisenspekulation. Die Besitzer der Geldvermögen (Banken, transnationale Unternehmen etc.) versuchen, durch kurzfristigen (manchmal nur Minuten dauernden) Umtausch großer Geldmengen von einer Währung in die andere Wechselkursschwankungen zu ihren Gunsten auszunutzen, also z. B. eine gerade abgewertete Währung zu kaufen und nach einer Aufwertung, die oftmals nur in Bruchteilen von Promillen besteht, wieder zu verkaufen. Aufgrund der Triadisierung (↗ S. 190 f.) geht es dabei hauptsächlich um die Schwankungen der drei Weltwährungen Dollar, Euro und Yen.
In einem System freier Wechselkurse *(Floating)* sind Kursschwankungen unvermeidlicher Ausdruck von realen Entwicklungen in den nationalen Volkswirtschaften, die in den Fundamentaldaten fixiert werden: Verschieden hohe Inflationsraten führen zu nicht mehr vorhandener Kaufkraftparität, Wirtschaftskrisen verändern die nationale Währungsstabilität. Eine im Vergleich zum Export zu hohe Importrate hat als unausweichliche Konsequenz Devisenknappheit und Auslandsverschuldung zur Folge. Letztlich also basieren diese Fundamentaldaten auf realen Warenströmen, Warenhandel und Warengeschäften.
Das historisch Neue an den globalisierten Finanzmärkten ist nun, dass diese Fundamentaldaten bei den kurzfristigen Devisenspekulationen keinerlei Rolle mehr spielen, sondern tatsäch-

lich aus „Spekulationen" – häufig ohne reales „Unterfutter" – bestehen. Beispiel für eine solche missglückte Spekulation war der dramatische Zusammenbruch der Londoner Handelsbank Barings im Jahr 1995: Ein in Singapur tätiger Börsenmakler dieser Bank verspekulierte sich dermaßen, dass die Bank bei Fälligkeitstermin rund 1,4 Mrd. Dollar Verlust machte und damit die Bank samt Tochterunternehmen in Konkurs ging.

Derivatenhandel

Ende der 1980er-Jahre wurden daher neue Finanzinstrumente entwickelt und unter dem Begriff „Derivate" zusammengefasst. Es handelt sich – etwas vereinfacht ausgedrückt – um schriftlich fixierte Rechte auf den Erwerb oder Verkauf von Aktien, Devisenbeträgen oder anderen Vermögenswerten zu einem fest vereinbarten Preis und Termin. Natürlich können diese einmal erworbenen Derivate weiterverkauft werden, mit anderen Worten: sie sind ein Spekulationsobjekt.
Derivate sind also so etwas wie „virtuelle" Finanzgeschäfte. Dies birgt die Gefahr, dass umfangreiche Derivatengeschäfte eingegangen werden und das damit verbundene Risiko unterschätzt wird – siehe die Barings-Bank. Dies führt auch zu riskanten Entwicklungen wie der künstlichen Aufblähung des Aktien- und Devisenmarktes, was dann die Spekulationen wiederum in die Höhe treibt und die Stabilität des allgemeinen internationalen 5

Weltweiter Umsatz börsengehandelter Derivate in Mrd. US-Dollar

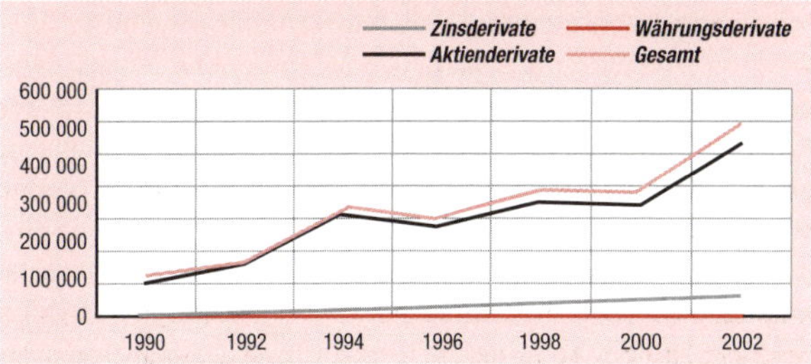

Finanzsystems gefährdet. Bricht dann ein Unternehmen ein, kommt es zum Dominoeffekt, weil Banken oder sonstige Institute untereinander verschuldet sind oder ihre Liquidität gemeinsam in Großprojekte gesteckt haben. Oft reicht dann ein vergleichsweise winziger Anstoß!

> Vertrauen in Börsen erschüttert
> dpa/ap Frankfurt. Nach dem Enron-Skandal hat erneut ein US-Konzern mit Falschbuchungen in Milliardenhöhe Anleger weltweit schockiert und die ohnehin nervösen Börsen erschüttert. Mit Massenverkäufen reagierten Investoren in Asien, Europa und den USA auf die Erklärung des Telefonkonzerns Worldcom, der operative Gewinn des Unternehmens sei fälschlich um bis zu 30 Prozent aufgebläht worden, indem laufende Kosten als Investitionsausgaben deklariert wurden.
> Der DAX stürzte zeitweise auf 3947 Zähler und hatte sich damit seit seinem Höchststand im März 2000 bei 7960 Punkten nahezu halbiert, die T-Aktie markierte mit 8,14 Euro vorübergehend ein neues Allzeittief.
> Nord-West-Zeitung, 27.6.02

Ein internationaler Ordnungsrahmen für alle diese kurzfristigen und spekulativen Geschäfte existiert noch nicht, es gibt allerdings eine Reihe von Überlegungen und Vorschlägen, die sich grob in zwei Kategorien aufschlüsseln lassen:

1. Besteuerung der Gewinne aus kurzfristigen Spekulationen und Transaktionen (sog. Tobin-Steuer): Dieses verlangt eine weltweite – zumindest gemeinsam von den USA, der EU und Japan – Realisierung und birgt eine Fülle von Detail-Problemen, denn die Erhebung und Verwendung von Steuern ist nach wie vor einer der zentralen Bereiche der nationalen Souveränität. Die globale Wirtschaftskrise der Jahre 2008/9 war durch riskante Bankspekulationen ausgelöst worden. Daraufhin wurde im Sommer 2010 auf dem G20-Gipfel die Einführung der Finanztransaktionssteuer gefordert, dieses scheiterte aber am Widerstand der USA und Großbritanniens. Ende August 2010 beschloss der

Bundestag daraufhin eine Zwangsabgabe für Banken sowie die Möglichkeit, Großbanken in „Schieflage“ neu zu ordnen.
2. Staatliche Regulierungen und Vorschriften: So nennt die Enquete-Kommission „Globalisierung der Weltwirtschaft“ die Prinzipien Aufsicht (Surveillance oder Monitoring), Vorsicht (Prudential Behavior), Durchsicht (Transparency) und Rücksicht (Cooperation):

- Verbesserung der Aufsicht von Kapitalbewegungen und makroökonomischer Entwicklung in den einzelnen Ländern
- Verbesserung des Risikomanagements des öffentlichen und privaten Bankensektors, insbesondere beim Liquiditäts- und Schuldenmanagement
- Ausbau von Aufsichtsgremien und -verfahren einschließlich Risikoprüfung und Obergrenzen bei der Kreditaufnahme in ausländischen Währungen
- Kontrolle von Kapitalimporten im äußersten Fall
- Anreize für langfristige Investitionen durch Ausgabe langfristiger staatlicher Schuldverschreibungen, um so
- den kurzfristigen Kapitalimport durch positive Anreize in langfristige Anlagen umzulenken
- Transparenz auch durch verbesserte Datenlage, Statistiken, Buchhaltung und Bilanzierung.

5.3 Globale Wettbewerbsordnung

Megafusionen

Von Megafusionen spricht man dann, wenn zwei oder mehr Großkonzerne grenzüberschreitend fusionieren bzw. einer den/die anderen aufkauft. Bekanntes Beispiel in Deutschland ist die Fusion von Daimler-Benz und Chrysler. Die Zahl dieser Megafusionen hat sich von 1990 bis 2000 fast verdreifacht (von 9000 auf 25 000, der Wert verachtfacht (von 290 auf 2380 Mrd. Dollar).
Wenn sich die Zahl der Konkurrenten auf einem bestimmten Markt verringert, ist die für das Funktionieren der „freien Kräf-

Die größten Fusionen und Übernahmen 2001		
Objekt	***Mrd. US-Dollar***	***Käufer***
Dresdner Bank	19,5	Allianz
Biliton	15,6	BHP
PowerGen	15,0	E.ON
Bank of Scotland	14,9	Halifax Group
Fortis (NL)	12,5	Fortis (B)
Ralston Purina Co.	11,7	Nestlé
BT Wireless (British Telecom)	11,1	Aktionäre
De Beers Consolidated Mines	11,0	DB Investments
USA Networks	10,7	Vivendi Universal

Fusionen und Übernahmen nach Branchen geordnet, 2001			
Branchen	***Fusionen/ Übernahmen***	***Branchen***	***Fusionen/ Übernahmen***
EDV	313	Transport	101
Medien	233	Chemie	95
Finanzen	193	Telekom	87
Bau	163	Automotive	80
Elektro	137	Textilien	35
Pharma	118	Metall	34
Maschinenbau	113	Entsorgung	24
Lebensmittel	113	Verpackung	26
Energie	106		
Dienstleistungen	101	Sonstige	94

te des Marktes“ unabdingbar notwendige Konkurrenz gefährdet. Im Extremfall kommt es zur Bildung eines ***Monopols,*** d. h., ein einziger Konzern beherrscht diesen Markt und kann den Verbrauchern fast beliebig die Preise diktieren. Schon der geistige Vater der modernen Marktwirtschaft, der englische Nationalökonom Adam Smith, hat erkannt, dass der aus der Freiheit der Wirtschaftssubjekte resultierende Wettbewerb ständig durch einen gesetzlichen Ordnungsrahmen geschützt werden muss. Monopolbildung ist allerdings heutzutage ausgesprochen selten (und selbst staatlich geschaffene Monopole wie Briefbeförderung und Telefondienste sind in Deutschland seit Jahren abgeschafft). Es kommt aber immer häufiger zur Bildung von ***Oligopolen,*** bei denen sich eine verhältnismäßig kleine Zahl von Konzernen einen Markt aufteilt, Preise abspricht (was in Deutschland offiziell verboten ist – doch vergleiche den Benzinmarkt) und sich zu Lasten der Verbraucher keine Konkurrenz mehr macht. Diese globale Oligopolisierung zentraler Märkte hat in den vergangenen zehn Jahren ebenso deutlich zugenommen wie die Megafusionen. Fachleute befürchten insbesondere zwei negative Auswirkungen dieser Entwicklung:

- Die ebenso gut organisierten wie finanzkräftigen Konzerne können unerwünschte und für den Außenstehenden undurchschaubare Einflussmöglichkeiten auf die politischen Entscheidungsträger ausüben und sie im nationalen Maßstab gegeneinander ausspielen.
- Nicht nur die Verbraucher, sondern auch die kleinen und mittelständischen Unternehmer stehen immer weniger Großkonzernen gegenüber, die über eine entsprechende Verhandlungsmacht verfügen (z. B. bei Zulieferungen).

Alternativen für eine internationale Wettbewerbsordnung

Parallel zur Entstehung der modernen Nationalstaaten entwickelte sich die Marktwirtschaft im Rahmen dieser Staaten. Dabei gab es von vorneherein (und im Prinzip auch schon in den Marktordnungen des Mittelalters) ein verbindliches und staatlich kontrolliertes Ordnungs- und Regelsystem für das Funktionieren. Dies Regelwerk sah und sieht in den verschiedenen Staaten sehr unterschiedlich aus, und ein amerikanischer Deregulierungsbefürworter würde sicherlich angesichts skandinavischer Wohlfahrtsstaatlichkeit heftig den Kopf schütteln. Dennoch wurde die grundsätzliche Bedeutung dieses Regelwerkes nie bestritten.

Durch die Globalisierungsprozesse wachsen aber die unternehmerischen Tätigkeiten aus dem Geltungsbereich der Nationalstaaten heraus. Die Erkenntnis reift, dass der Aufbau eines verbindlichen weltweiten Rechtsrahmens notwendig werden wird. Zwar gibt es eine Reihe von internationalen Wettbewerbsregeln etwa im Rahmen des GATT, aber die betreffen lediglich das staatliche Handeln. Internationale Amtshilfeabkommen erleichtern zwar grenzüberschreitende Wettbewerbskontrollen – aber das ist nur ein erster Schritt in die notwendige Richtung. Bisher sind Länder übergreifende Ermittlungen gegen Wettbewerbsverletzungen fast unmöglich. Zentraler Punkt einer globalen Wettbewerbsordnung ist und bleibt die Kontrolle der Megafusionen, zumal nur wenige Staaten über eine Monopol-Kontrolle verfügen. Deutschland ist hier mit dem „Gesetz gegen Wettbewerbsbeschränkungen“ und dem ***Bundeskartellamt*** eine rühmliche Ausnahme!

Drei Ansätze zur Wettbewerbsordnung und Monopolkontrolle werden zur Zeit international diskutiert:

- Eine Wettbewerbsordnung im Rahmen der WTO: In der WTO sind 144 Staaten vertreten, die meisten von ihnen Entwicklungsländer. Die Ansätze zu einer Wettbewerbsordnung, wie sie auf der letzten WTO-Ministerkonferenz 2001 entworfen wurden, sind wenig attraktiv, da der Kernpunkt – die Fusionskontrolle – fehlt.
- Ein Gegenmodell stellt die Clublösung dar: Die entwickelten Industriestaaten, die einerseits Hauptsitz der Global Player sind und andererseits die meiste Erfahrung mit Fusionskontrollen und Wettbewerbsordnungen haben, machen den „Vorreiter“. Andere Staaten können dann diesem Club beitreten. Zur Vorbereitung einer solchen Lösung wurde 2001 in New York das „International Competition Network“ gegründet. Nach intensivem Informationsaustausch soll sich ein gemeinsames Regelwerk herausbilden.
- Der bilaterale Ansatz: Die bisherigen bilateralen Abkommen zwischen jeweils zwei Staaten sollen weitergeführt und stimuliert werden. Es gibt weltweit Anzeichen dafür, dass diejenigen bilateralen Verträge, die sich bewährt haben, in multilaterale bzw. transnationale Abkommen überführt werden. Beispielsweise hat die EU das ursprünglich zwischen der USA und Deutschland ausgehandelte Handelsabkommen übernommen.

Stichwortverzeichnis

Besser in …
… der Oberstufe

Die Lernhilfen für ein erfolgreiches Abitur

- Alle wichtigen, lehrplanrelevanten Inhalte eines Schuljahrs
- Jede Menge Übungen und Tests
- Mit Lösungsteil zur Selbstkontrolle

Die Reihe „Besser in" gibt es für folgende Fächer:

Deutsch

- Texte verfassen
  ISBN 978-3-411-86282-5
- Literarische Texte interpretieren
  ISBN 978-3-411-86280-1

Mathematik

- Differentialrechnung
  ISBN 978-3-411-86283-2
- Integralrechnung
  ISBN 978-3-411-86284-9

Englisch

- Grundlagen der Textarbeit
  ISBN 978-3-411-86278-8
- Profitraining Textarbeit
  ISBN 978-3-411-86279-5
- Profitraining Grammatik
  ISBN 978-3-411-86277-1

Französisch

- Grammatik
  ISBN 978-3-411-86281-8

Besser in Lern- und Arbeitstechniken

- Präsentationen und Referate
  ISBN 978-3-411-86285-6
